AMO PARIS

ALAIN DUCASSE

Editora Senac São Paulo - São Paulo - 2014

PARIS não nasceu ontem! É uma capital que alia a história com a famosa tradição culinária. É a cidade da moda, do capricho e das criações autênticas. Ressalta-se que a arte da mesa e a ciência da gastronomia foram encorajadas e promovidas por um público conhecedor. Além de Paris ser a sede da grande culinária, caracteriza-se pelo charme dos bistrôs e das *brasseries* de outrora e pelo *insight* das experiências e das novidades. Essa cidade possui uma atmosfera que suscita a competição, a inventividade e a renovação. Tanto faz procurar um restaurante na margem direita ou esquerda do Sena. Eu amo Paris por sua diversidade plural, jamais previsível. Paris não cessa de me surpreender, e se os dias tivessem mais de 24 horas, que felicidade seria poder flanar, tagarelar e jantar escolhendo ao acaso os bairros, que são verdadeiras cidades em miniatura. Em Paris, estou muito longe do meu sul, mas são frequentes aqui os devaneios que me convidam a viagens imaginárias no tempo e no espaço.

— COMO UTILIZAR ESTE GUIA —

Descubra cem endereços incontornáveis em Paris através de oito capítulos definidos por área turística. Cada um deles, refletindo um ambiente particular dessa cidade que oscila constantemente entre o tendencial e o institucionalizado e que constitui um verdadeiro itinerário *gourmet*. Identifique-os facilmente graças aos mapas no início de cada capítulo, nos quais cada estabelecimento é indicado através do seu número de página.

Ao ritmo dos seus passeios, deixe-se tentar por um mítico *croissant* matinal a degustar na margem do Canal Saint-Martin, faça uma pausa na esplanada de um café, aventure-se nos mercados de bancas atraentes e cores vivas, aprecie os pratos gastronômicos dos maiores *chefs* em locais mágicos... As escolhas são múltiplas, para todos os gostos e todos os bolsos! Um pictograma ao lado de cada endereço indica rapidamente o tipo de estabelecimento de que se trata (ver legendas na página ao lado) e a gama de preços ao lado permite que você avalie o montante a prever, antes de se aventurar...

Menos de 20€

Entre 20€ e 50€

Entre 50€ e 100€

Entre 100€ e 250€

Mais 250€

— LEGENDA —

café	padaria	restaurante	pâtisserie	bar
sorveteria	torrefação artesanal	épicerie	confeiteiro	chocolataria
charcutaria	açougue	hotel	adega	brasserie
material de cozinha	queijaria	salão de chá	mercado / feira	peixaria

SUMÁRIO

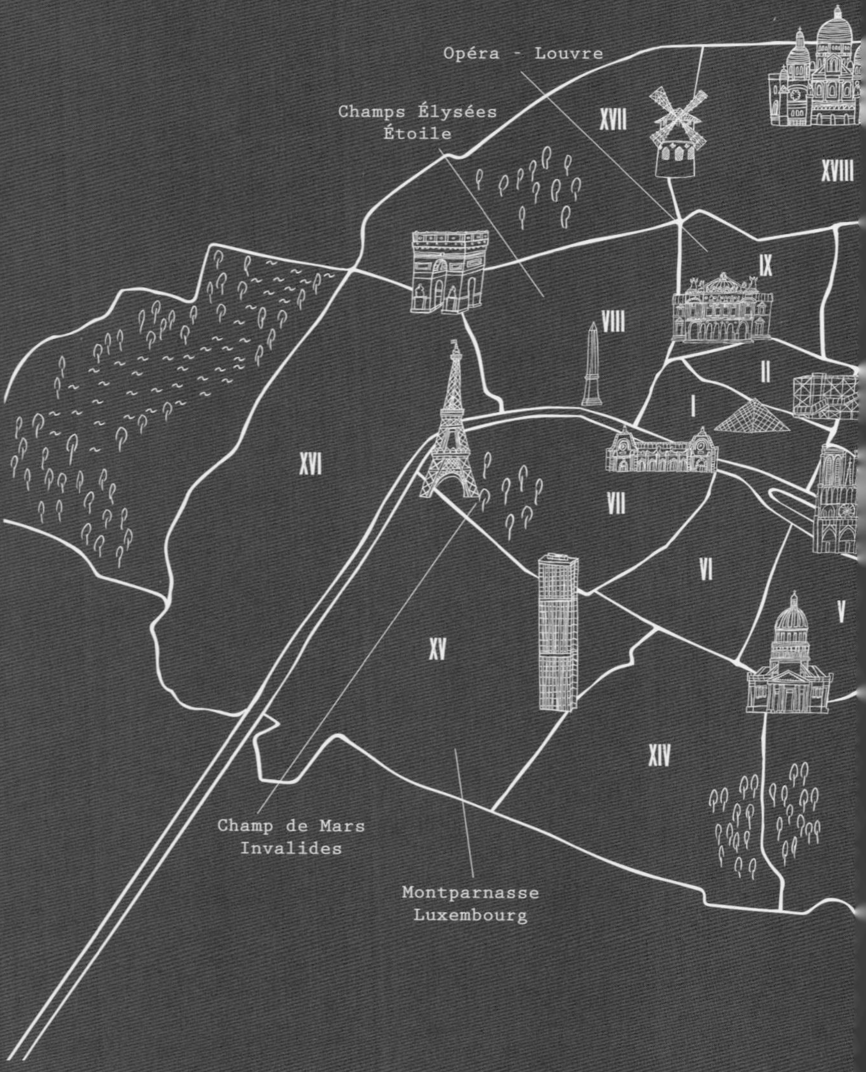
Opéra - Louvre
Champs Élysées
Étoile
XVII
XVIII
IX
VIII
II
I
XVI
VII
VI
V
XV
XIV
Champ de Mars
Invalides
Montparnasse
Luxembourg

PARIS

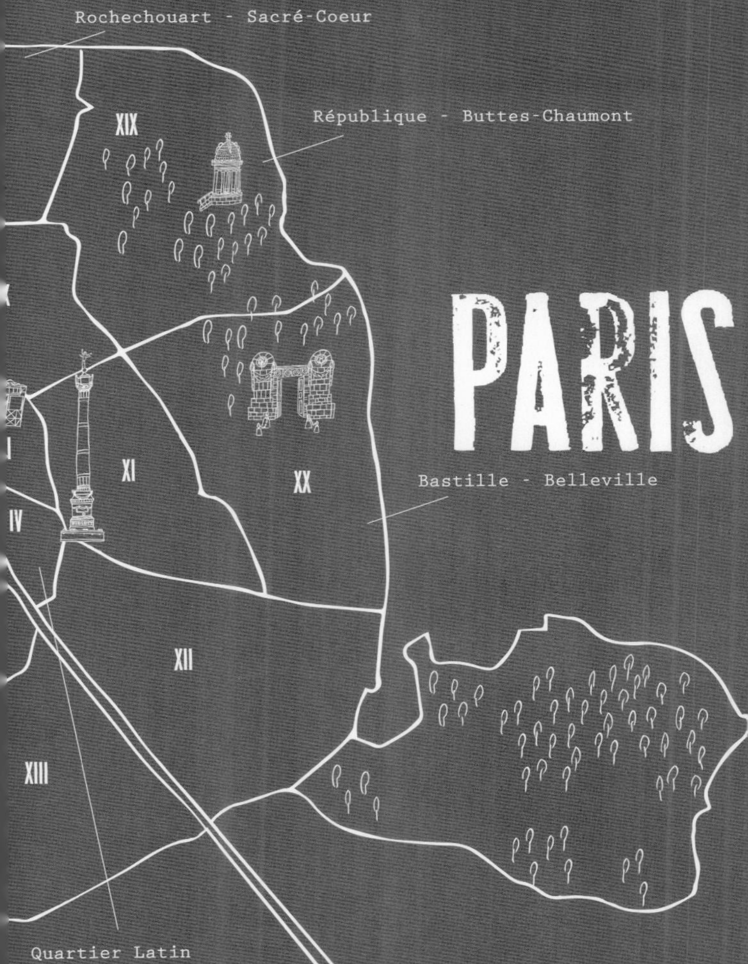
Rochechouart - Sacré-Coeur
République - Buttes-Chaumont
XIX
XI
XX
IV
XII
XIII
Bastille - Belleville
Quartier Latin
Hôtel de ville

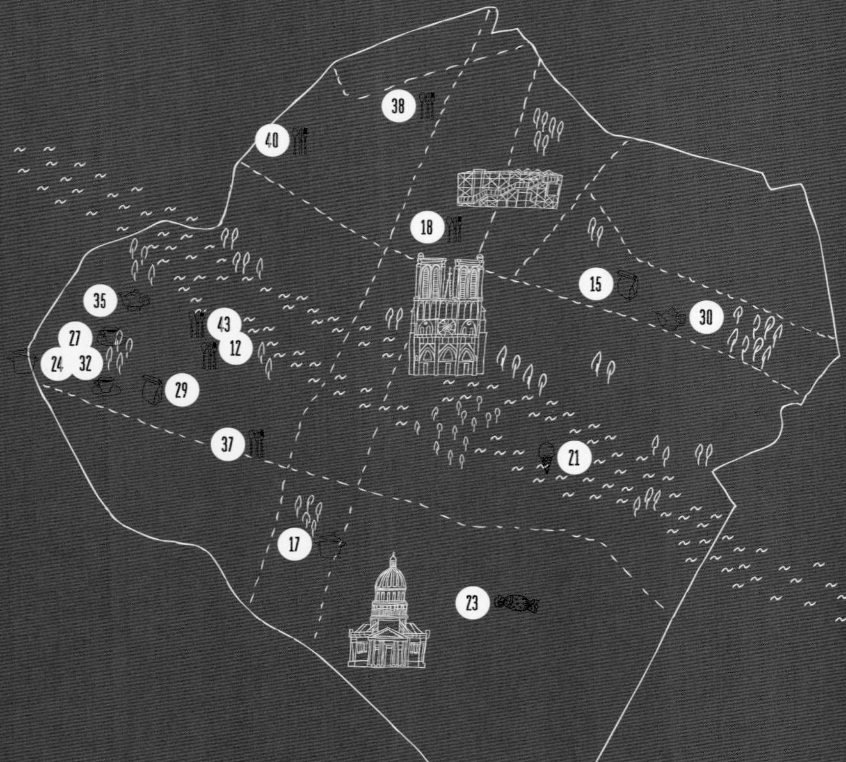

38
40
18
15
30
35
43
12
27
24
32
29
37
21
17
23

QUARTIER LATIN

–

HÔTEL DE VILLE

ALLARD

O espírito da «comida caseira» está sempre presente nesta cozinha. Prova disso são as coxas de rã estilo Fernande Allard delicadamente polvilhadas com salsa picada e untadas com manteiga, ou ainda o pato com azeitonas dourado e fundente a gosto.
No coração de Saint-Germain-des-Prés, o restaurante Allard destila o seu *know-how* atemporal e o seu atrevimento parisiense para os amantes da autenticidade e da boa comida. A torta de patê arrasta a asa para o ovo Meurette e a bochecha de boi espia o frango de Bresse. Nós nos deliciamos com os pratos preparados com cuidado e paixão por Laetitia Rouabah e desfrutamos do ambiente deliciosamente antigo ao longo da refeição.

— **www.restaurant-allard.fr**

LATIN - HÔTEL DE VILLE
13
PARIS

→ **Allard** 41 rue Saint-André des Arts, Paris VIe – T. +33 1 58 00 23 42

FRAICHES
Les

LATIN - HÔTEL DE VILLE
15
PARIS

L'AS DU FALAFEL

Será que os *falafels* são de graça? Somos quase levados a acreditar que sim, pela fila que se forma quando estão quase prontos. Pelos clientes educados, mesmo diante de um serviço comum. Pela aparência não muito exótica da travessa vermelha, própria de cantinas. Mas por nada do mundo se iria para outro lugar. O crocante desses bolinhos de verduras cria um instante de ilusão que nos faz crer que todos nós temos uma avó israelita. Com um copo de limonada, terrivelmente açucarada, terrivelmente ácida, nos sentimos em férias.

↑ **L'as du falafel** 32-34 rue des Rosiers, Paris IVe – T. +33 1 48 87 63 60

Brasserie

BALZAR

LATIN - HÔTEL DE VILLE
17
PARIS

O terraço foi feito para duendes. Nossas pernas não cabem sob as mesas e pensamos que, em torno da Sorbonne, há lugares com mesas maiores. Mas vamos lá por causa de Sartre e Camus — e para esperar a hora do cinema, onde ficaremos ainda mais mal sentados —, para que os garçons, muitas vezes mais cultos do que os clientes, nos provoquem. E para nos deliciarmos com os clássicos de bistrô: o aipo em *rémoulade* e o nabo em vinagrete. Uma instituição.

— www.brasseriebalzar.com

→ **Balzar** 49 rue des Écoles, Paris Ve – T. +33 1 43 54 13 67

BENOIT

Monumento histórico de guloseimas parisienses, o Benoit reconforta as papilas da capital desde 1912. Fiel aos clássicos, Wilfrid Hocquet exibe uma culinária partilhada, tradicional, mas tratada de forma popular, uma verdadeira cozinha de Paname. Na estação certa, aproveitamos para comer tomates recheados ou aspargos *mousseline*, seguidos de um linguado ao molho Nantua ou de uma língua de vitela Lucullus. O prazer raro dos autênticos *profiteroles*.

– www.benoit-paris.com

→ **Benoit** 20 rue Saint-Martin, Paris IVe – T. +33 1 58 00 22 05

LATIN - HÔTEL DE VILLE
21
PARIS

GLACIER BERTHILLON

Um inverno rigoroso abate-se sobre Paris. Reunida, como diante de uma lareira, em um canto vazio do salão de chá, toda a equipe da Berthillon esmigalha cuidadosamente uma luzente montanha de marrons--glacês. Quem toma sorvete com um tempo desses? Os parisienses, parece. Eles esperam pacientemente seu turno, conquistados pelo marrom-glacê perfumado de *réveillon*. No verão, a castanha cede lugar aos morangos silvestres, enquanto os parisienses se reúnem com todos os *gourmandes* do planeta. Dá para entender!

— www.berthillon.fr

↑ **Glacier Berthillon** 29-31 rue Saint-Louis en l'Île, Paris IVe – T. +33 1 43 54 31 61

bien plus belle
Bonbons...
les meilleurs
artisanaux de France
GEORGES

Guimauve
fantaisie
1,30€ pièce

LATIN - HÔTEL DE VILLE

23

PARIS

LE BONBON AU PALAIS

O sabor da memória se abriga nos vidros resplendentes. O bombom desliza da língua ao palato, um *sucre de pomme*, um *froufrou* multicolorido, um *négus*, uma noz caramelizada... e a infância desembarca no tapete voador. Cada maravilha de joalheiro vem do artesão que a criou, às vezes há alguns séculos, outras vezes seguindo uma receita secreta que freiras ciumentas ainda se recusam a revelar.

— www.bonbonsaupalais.fr

➜ **Le bonbon au palais** 19 rue Monge, Paris Ve – T. +33 1 78 56 15 72

BRASSERIE LIPP

Atenção, monumento histórico: interior de 1900 e fachada em acaju envernizado, tem classe. Até mesmo o menu não mudou em meio século! Não precisa ficar impressionado. Para uma primeira visita, é preciso, seja qual for a estação, sucumbir ao chucrute. À sombra das cerâmicas em flor, de qualquer forma vocês poderão escolher: cozido de vitela ou boi com sal grosso. As sobremesas, mil-folhas, são como os habitués: muitas.

➜ **Brasserie Lipp** 151 boulevard Saint-Germain, Paris VIe – T. +33 1 45 48 53 91

CAFE DE FLORE
CAFE DE FLORE

CAFE DE FLORE

CAFÉ DE FLORE

Chega a frigideira, quentíssima, dourada. O habitué apenas dá uma olhada no seu "Welsh", uma delícia feita de queijo cheddar derretido. Aromatizado com cerveja, ele oferece uma cobertura oleosa e gratinada aos apetitosos bocados de miolo de pão. No terraço, à sombra de Sartre e de seu "Castor", acaricia-se com as costas da colher a caligrafia verde do pires, saboreando a vida que passa. Um cappuccino cremoso preparado como um suflê, uma torrada de filãozinho parisiense com manteiga, na medida exata para começar bem o dia.

— www.cafedeflore.fr

→ **Café de Flore** 172 boulevard Saint-Germain, Paris VIe – T. +33 1 45 48 55 26

DA ROSA ÉPICERIE FINE

A aspereza das paredes de pedra nua. A rudeza de um toque português, que queima no verão e gela no inverno. Os aromas acres e inebriantes dos presuntos ibéricos que secam, pendentes do teto. Mas, abaixo, complexo frutado do bellota — a duração, na boca, do gosto de um suculento tomate sobre o pão quente, o sabor apimentado de um queijo. Nessa *épicerie*-cantina que não se parece com nenhuma outra, nos instalamos, em pleno Mediterrâneo...

– www.darosa.fr

Da rosa épicerie fine 62 rue de Seine, Paris VIe – T. +33 1 40 51 00 09

DAMMANN FRÈRES

Ao abrigo das arcadas da elegante Place des Vosges, a casa de chás Dammann Frères é um porto de paz. Da seleção à importação de chás, passando pela criação de novas misturas, há três gerações essa empresa familiar perpetua seu *savoir-faire*. Além dos chás de origem, a granel, em saquinhos ou em biscoito — a do chá branco com sabor de capuchinha é sofisticada —, os chás para infusão a frio ou as tisanas — "a 40 centavos", com casca de roseiras, folha de laranjeira amarga, de alcaçuz, verbena e tomilho — nos fazem esquecer a animação do bairro do Marais e nos chamam para longínquas viagens.

— www.dammann.fr

↑ **Dammann Frères** 15 place des Vosges, Paris IIIe – T. +33 1 44 54 04 88

LES DEUX MAGOTS

A vida e a história cultural do bairro foram escritas em parte nessas mesas. Diante da igreja Saint-Germain e da praça Picasso, Les Deux Magots é um dos mais antigos cafés parisienses. Ele sempre recebe os habitantes de Saint-Germain-des-Près, as vedetes, os turistas e um prêmio literário, desde 1933. Na sala, servem-se ainda certas consumações apresentando a garrafa ao cliente. *Must* da casa: um chocolate servido à moda antiga.

– www.lesdeuxmagots.fr

→ **Les Deux Magots** 6 place Saint-Germain-des-Prés, Paris VIe
T. +33 1 45 48 55 25

LADURÉE

A casa Ladurée tem muito que ver com seu nome... Há cerca de 150 anos, o número 16 da rue Royale – um dos primeiros salões de chá da capital – recebe todos os *gourmands*, habitués ou turistas.

No coração de Saint-Germain-des-Prés, uma menção especial ao Ladurée da rue Bonaparte. Cristalizando a arte de viver à francesa, Ladurée perpetua a grande tradição confeiteira inovando com o antológico *macaron cassis-violette*, ou com os divinos *Religieuse à la rose*.

– www.laduree.com

↑ **Ladurée** 21 rue Bonaparte, Paris VIe – T. +33 1 44 07 64 87

Come In
WE'RE
OPEN

LATIN - HÔTEL DE VILLE
37
PARIS

OENOSTERIA

Um cantinho do paraíso para um cantinho da Toscana. Neste anexo-mercearia da Casa Bini, deliciosos embutidos rivalizam com os queijos curados e convincentes e, se tiver fome, Fabiana pode propor os *gnudi* (nus), raviolis sem massa, ou os *strozza preti* (asfixia-padres), assim denominadas pois são massas para pobres, sem ovo, servidas aos padres quando visitavam as suas congregações, acompanhadas de vinhos cuidadosamente selecionados. E como sobremesa, poderá degustar um clássico *tiramisu* leve como uma nuvem.

– www.restaurant-oenosteria-paris.fr

↑ **Oenosteria** 40 rue Grégoire de Tours, Paris VIe – T. +33 1 77 15 94 13

PHARAMOND

A caçarola de tripas à moda de Caen compõe a história da casa. Com a passagem das estações, sob as cerâmicas retrô e os espelhos de cobre, a opulenta costela de vitelo normanda provoca uma *gourmandise* irracional. Os habitués empanturram-se com os suntuosos *escargots*, recheados de manteiga e alho, assados de maneira ideal. Quanto às celebridades desse mundo, elas aproveitam os salões íntimos do primeiro andar, onde o fantasma de Clemenceau cruza com o de Coluche. Não deve ser um encontro triste...

– www.pharamond.fr

➜ **Pharamond** 24 rue de la Grande Truanderie, Paris Ier – T. +33 1 40 28 45 18

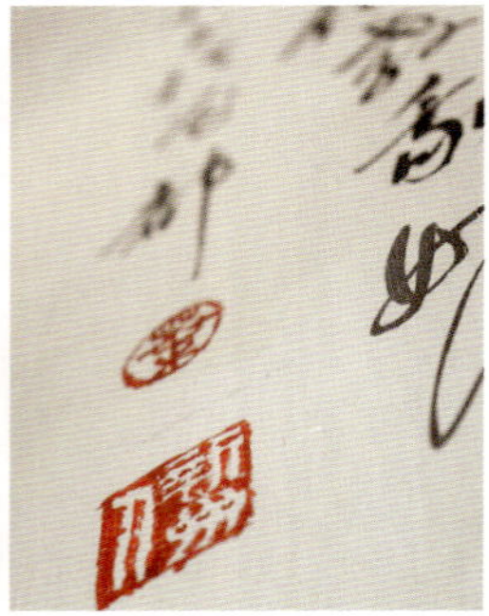

YAM'TCHA

Batatas? Assim, passadas no *wok* por 45 segundos, estão quase cruas? A grande sacerdotisa do fogo oficia, e a batata trabalhada como manga verde se enobrece. Transfiguradas também as berinjelas ao vapor, realçadas com feijão-preto fermentado, moluscos no *wok* e pato em todas as suas formas. Sentar-se no bar para ter uma visão profunda do inteligente e sutil trabalho de Adeline Grattard.

– www.yamtcha.com

LATIN - HÔTEL DE VILLE
41
PARIS

→ **Yam'tcha** 4 rue Sauval, Paris Ier – T. +33 1 40 26 08 07

ZUNI

LATIN - HÔTEL DE VILLE

43

PARIS

ZE KITCHEN GALERIE

«Minha definição de culinária: liberdade de expressão. Troco aspirações, humores, paixões, descobertas, viagens com produtores e artistas. Sou muito curioso. Daí a culinária que faço hoje. Tive também a oportunidade de trabalhar com produtores maravilhosos. Joël Thiébault e Asafumi Yamashita, os meus produtores intensivos de legumes, verdadeiros ourives, cada um deles com sua sensibilidade, me trazem uma qualidade incrível de frescor e de sabor. Os dois estão na região parisiense, o que recebem de manhã me entregam ao meio-dia! Eu me entendo bem com eles: na realidade, eles são como eu, sentem intensamente e procuram..." *William Ledeuil*

— www.zekitchengalerie.fr

→ **Ze Kitchen Galerie** 4 rue des Grands Augustins, Paris VIe – T. +33 1 44 32 00 32

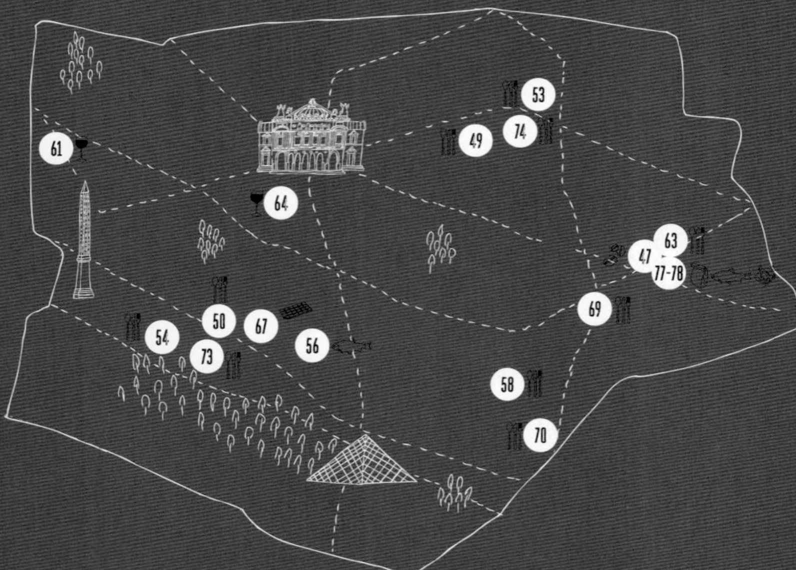
53
74
49
61
64
63
47
77-78
69
50
67
54
56
73
58
70

OPÉRA

–

LOUVRE

VELHO
CACAU

L'ARBRE À CAFÉ

Nesta pequena loja no centro da rue du Nil, degustamos sem frescura os cafés excepcionais que Hippolyte Courty descobre pelos quatro cantos do mundo e torra-os ele mesmo em solo parisiense. Aqui, são apreciados os *grands* crus exatamente como são, sem embelezamentos, pelo que têm de único. Intensos e autênticos, todos eles narram uma história diferente: a da sua terra e dos homens que a cultivam. São, portanto, cafés ricos que vão converter os menos apreciadores.

— www.larbreacafe.com

→ **L'arbre à Café** 10 rue du Nil, Paris IIe – T. +33 1 84 17 24 17

RESTAURANT "AUX LYONNAIS"
32

AUX LYONNAIS

Era uma vez um núcleo de lioneses em pleno coração de Paris. Havia uma urgência: não mudar nada. Perpetuar a herança, fazer brilhar com todas suas luzes um cantinho de Paris. Então, da caçarola da cozinheira lionesa e seu picadinho de leitão ao *foie gras*, à *île flottante* e à torta de *pralines* cor-de-rosa, as especialidades criadas por Frédéric Thévenet cintilam tão vivamente como os espelhos e as faianças. Na sombra, a insinuação de uma segunda herança. Era uma vez um jovem *chef*. Alain Ducasse, que descobre a riqueza da cozinha lionesa ao lado de Alain Chapel, em Mionnay. Aux Lyonnais: uma homenagem aos que vieram da cidade de Lyon.

– www.auxlyonnais.com

→ **Aux Lyonnais** 32 rue Saint-Marc, Paris IIe – T. +33 1 58 00 22 16

LE CARRÉ DES FEUILLANTS

«No fim do corredor... há uma caixa de joias" no lugar do antigo convento dos Feuillants, do reinado de Henrique IV. Alain Dutournier tem senso estético, ele nos faz viajar com seus pratos elegantes, contemporâneos e com ares do sudoeste. Vai-se ao Carré des Feuillants para degustar uma culinária generosa e característica: *foie gras*, pitus *à la nougatine d'ail doux*, timo de vitelo com *morilles* frescos, doces feitos com morangos silvestres, rosa e lichias. Estamos a dois passos da Place Vendôme e, no entanto, quase no sul da França.

— **www.carredesfeuillants.fr**

OPÉRA - LOUVRE

51

PARIS

➜ Le Carré des Feuillants 14 rue de Castiglione, Paris Ier – T. +33 1 42 86 82 82

Chartier
BOUILLON CHAR

OPÉRA - LOUVRE

53

PARIS

RESTAURANT CHARTIER

Era um local sem expressão antes de ser um restaurante respeitável. Verdadeiramente um lugar sem categoria, que servia caldo de carnes e de legumes, que se consumia na própria mesa. Vem-se ao Chartier por essa mistura curiosa de uma culinária bem simples, de bistrô com decoração faraônica. Aninhados em uma “banheira” de veludo vermelho, olhamos de cima a plateia e os bastidores, mordendo um ovo com maionese. Nos deleitamos com um prato feito, cenouras raladas, pepino com creme. Valeria a pena emoldurar sob um vidro o menu rabiscado na toalha de papel.

— www.restaurant-chartier.com

→ **Restaurant Chartier** 7 rue du Faubourg Montmartre, Paris IX e

T. +33 1 47 70 86 29

CHEZ FLOTTES

Com o grande pão redondo apertado contra o corpo, *monsieur* Gérard brande seu facão. Corta à mão cascas de pão Poilâne fresco. "Esse é o segredo: a fatia deve ser mais fina do que habitualmente para realçar o gosto dos produtos. Senão, na boca, só haverá o pão." Gilbert Flottes, no tempo em que alimentava as noites parisienses, inventou com Lionel Poilâne uma pequena joia de simplicidade saborosa: o *croque-monsieur* Poilâne. Hoje, é seu filho Olivier que dirige a brasserie da família.

– www.brasserie-flottes.com

↑ Chez Flottes 2 rue Cambon, Paris Ier – T. +33 1 42 60 80 89

L'ÉCUME SAINT HONORÉ

Ao longe, o canto das gaivotas. Na lousa, um grito: "Como sobremesa, *coquille Saint-Jacques* crua com molho de soja! Tenra, saborosa!". Aberta e cortada, diante de vocês, a bela se revela açucarada e florida, a sobremesa ideal para concluir uma degustação sem par. Pois aqui a melhor escolha de ostras, moluscos, mexilhões e camarões é acompanhada de um frescor e um gosto ótimos.

→ **L'écume Saint Honoré** 6 rue du Marché Saint-Honoré, Paris Ier
T. +33 1 42 61 93 87

LES FINES GUEULES

Pede-se um conselho para escolher um bom vinho artesanal para acompanhar um salsichão servido no balcão. E descobre-se o menu: carnes da casa Desnoyer, o peixe e sua variedade de legumes, dourados de *petite pêche* ou aspargos do Blayais. Todos os produtos de porco cortados em uma Berkel milimetrada 1950, vermelha como deve ser. Escolha impecável dos vinhos por Arnaud Bradol, o jovem proprietário. E a sopa de peixe que rivaliza com o *clafoutis* de peras. Aqui se amam os belos produtos, pode-se ver isso.

— **www.lesfinesgueules.fr**

OPÉRA - LOUVRE
59
PARIS

Les Fines Gueules 2 rue la Vrilliere, Paris I[er] – T. +33 1 42 61 35 41

LE FORUM

Mas por que diabos é tão bom? Bebidas alcoólicas de todas as cores, registradas no decurso do tempo. Mais de 125 receitas. Uma atmosfera de terceiro milênio londrino. Logicamente, as bebidas deveriam ser impossíveis de beber. No entanto, os coquetéis dessa instituição noturna, agitada, mas não sacudida, por Josiane Biolatto, são verdadeiras criações culinárias. Sentimos neles rigor, equilíbrio, inventividade e também humor. Poderíamos apreciá-los, mesmo que fosse apenas para fazer a ligação entre a noite que acaba e o dia que começa.

— www.bar-le-forum.com

Le Forum 4 boulevard Malesherbes, Paris VIIIe – T. +33 1 42 65 37 86

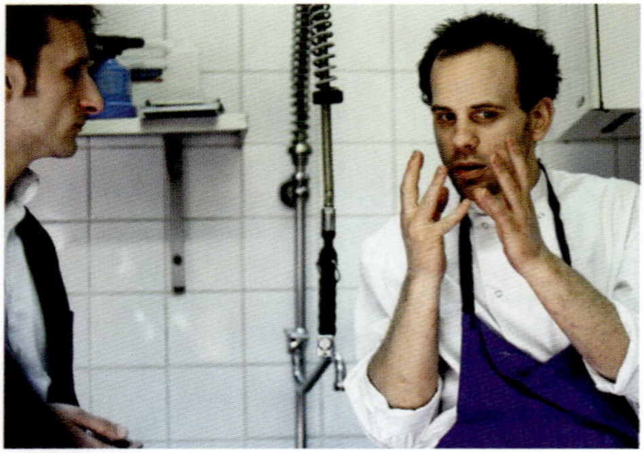

VINS AU VERRE
CHAMPAGNE
Cabernet d'Anjou
Sauvignon blanc
ROUGE

FRENCHIE

«Fui para o exterior bem jovem, logo após concluir a escola de hotelaria. Trabalhei em Nova York e Londres. Desses anos de formação, tento conservar uma cozinha instantânea, honesta, com sabores pouco habituais para a França: picles, *chutneys* e condimentos cítricos. Frequentemente faço peixes defumados, de minuto... Como sou sozinho na cozinha, preciso visar ao essencial, ao gosto!
Depois, para arrumar a cozinha, há a escola 'jardim à francesa'... Eu sou mais 'jardim à inglesa': a bagunça organizada, mas sempre harmoniosa!" *Grégory Marchand*

– www.frenchie-restaurant.com

→ **Frenchie** 5-6 rue du Nil, Paris IIe – T. +33 1 40 39 96 19

HARRY'S NEW YORK BAR

No subsolo revestido de veludo vermelho, nesse mesmo piano, Gershwin compôs *Um americano em Paris*. A partitura foi queimada durante a guerra, para acender a lareira... Os americanos de Paris vêm sempre se deleitar com o legendário café irlandês. As noitadas ficam efervescentes quando as eleições presidenciais americanas estão próximas.

– www.harrysbar.fr

➜ **Harry's New York Bar** 5 rue Daunou, Paris IIe – T. +33 1 42 61 71 14

JEAN-PAUL HÉVIN CHOCOLATIER

OPÉRA - LOUVRE
67
PARIS

Os chocolates de Jean-Paul Hévin são únicos. Seus ganaches de chocolate extranegro, suas favas *grands crus*, suas misturas pouco açucaradas poderiam nos fazer temer um enfoque um pouco austero. Mas não há frieza. E sim elegância. Ele ostenta combinações de chocolate-queijos-aromas, como esses *époisses*-cominho, esse *pont-l'évêque* com tomilho, esse *chèvre-noisette*, ou esse *roquefort*-nozes. Arte pura.

— www.jeanpaulhevin.com

→ **Jean-Paul Hévin chocolatier** 231 rue Saint-Honoré, Paris Ier
T. +33 1 55 35 35 96

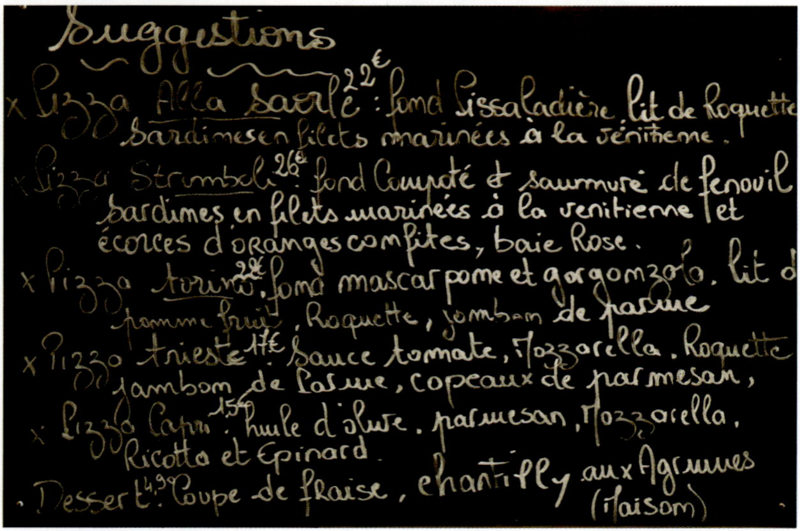
Suggestions
x Pizza Alla Sarlé 22€ : fond Pissaladière lit de Roquette
Sardines en filets marinées à la vénitienne.
x Pizza Stromboli 26€ : fond Compoté et saumuré de fenouil
Sardines en filets marinées à la vénitienne et
écorces d'oranges confites, baie Rose.
x Pizza Torino 22€ : fond mascarpone et gorgonzola. lit de
pomme fruit, Roquette, jambon de parme
x Pizza Trieste 17€ : Sauce tomate, Mozzarella. Roquette
jambon de Parme, copeaux de parmesan,
x Pizza Capri 15€ : huile d'olive. parmesan, Mozzarella.
Ricotta et Epinard.
. Dessert 4,90 : Coupe de fraise, chantilly aux Agrumes
(Maison)

OPÉRA - LOUVRE

69

PARIS

IL CAMPIONISSIMO

«Podem-se passar dois meses procurando o equilíbrio para uma *pizza*, entre a cor, a qualidade crocante ou cremosa — a perfeição! Nosso truque extra é o equilíbrio entre o cru e o cozido. Com muita frequência juntamos elementos crus à *pizza* quando sai do forno, para lhe dar um toque de frescor, mas sem desnaturá-la. Quando entro no meu laboratório para fazer uma massa, só saio seis horas mais tarde. E não há uma receita, mas cem. Estou sempre procurando a receita perfeita. Até minha mulher me diz que devo parar, pois os clientes estão bem contentes, mas essa é a minha busca..." *Gino Jaskula Toniolo*

– www.ilcampionissimo.fr

→ Il campionissimo 26 rue Leopold Bellan, Paris IIe – T. +33 1 42 36 40 28

KEI

Kei Kobayashi, um *chef* japonês, mas muito francês! Influências misturadas: o Japão inspirou-lhe o esteticismo, a verticalidade das construções, a harmonia poética das cores, os sabores delicados. A França ensinou-lhe a precisão do gesto e dos cozidos, os arremates milimetrados, o respeito aos produtos.
Resultado: uma paleta criativa e rica de composições sutis, em que os sabores diferenciados oferecem uma cozinha perfeita e acessível.

— www.restaurant-kei.fr

→ **Kei** 5 rue Coq-Héron, Paris Ier – T. +33 1 42 33 14 74

OPÉRA - LOUVRE

73

PARIS

LE MEURICE - ALAIN DUCASSE

«Aqui, pretendi voltar às origens. Começar do início. A partir dos sabores verdadeiros e dos perfumes originais. Permitir a expressão da sua força e sutileza. Devolver à técnica a sua verdadeira e única função: revelar o sabor da natureza. A abordagem é radical: ousar uma cozinha pura no sentido de ser uma boa cozinha recorrendo ao mais simples. As preparações se refinam para dar lugar à força do sabor. É essa história simples, justa e absoluta que me esforço para transmitir desde o início da minha profissão e da qual entrego, atualmente, a essência com a cumplicidade de Christophe Saintagne.» *Alain Ducasse*

— www.dorchestercollection.com

Le Meurice – Alain Ducasse 228 rue de Rivoli, Paris Ier – T. +33 1 44 58 10 55

RACINES

Nicolas Gauduin, que já foi *chef* do L'Arpège, do restaurante Laurent e do Le Divellec, cozinha os produtos com talento e simplicidade, sob a vigilância de David Lanher, um comerciante exigente. Galinhas e patos gordos totalmente desossados, cozidos inteiros, com pele, acompanhados de maravilhosos pequenos legumes da estação, crocantes, vindos da horta de Alain Passard. Boa seleção de vinhos orgânicos, mas não exclusivamente.

– www.racinesparis.com

OPÉRA - LOUVRE
75
PARIS

→ **Racines** 8 passage des Panoramas, Paris IIe – T. +33 1 40 13 06 41

le Kilo

TERROIRS D'AVENIR

Face ao espaço da moda Frenchie que está sempre cheio, a mercearia de Alexandre Drouard e de Samuel Nahon começa a se destacar. Não é de estranhar que por trás dessa fachada sóbria em madeira clara, esses dois empresários de trinta e poucos anos dinâmicos e simpáticos oferecem agora ao grande público produtos naturais de primeira qualidade, até então reservados exclusivamente ao setor de restaurantes. Legumes esquecidos, que já quase não são cultivados, voltam a estar acessíveis à população que é atingida pela falta de autenticidade. A couve roxa, o rabanete fresco ou as escorcioneiras atiçam a curiosidade e dão vontade de sentir novamente o sabor do passado.

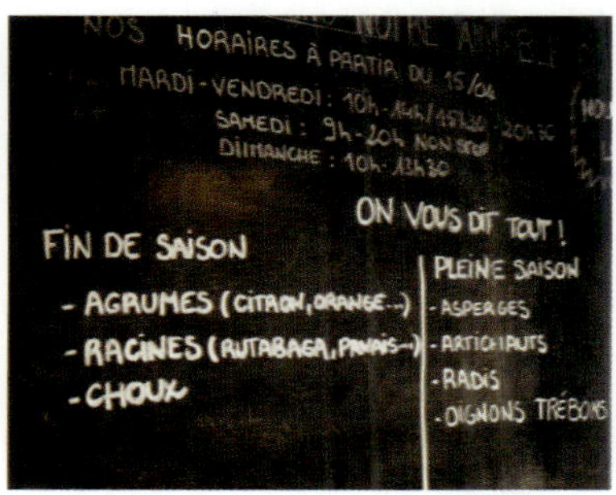

↑ **Terroirs d'avenir – Mercearia** 7 rue du Nil, Paris IIe – T. +33 1 45 08 48 80

TERROIRS D'AVENIR

Uma única marca que esconde na verdade três lojas... Uma vez que a mercearia não era suficiente para satisfazer as ambições de Alexandre e de Samuel, eles abriram uma peixaria e um açougue do outro lado da rua. Para assim juntar aos legumes frescos, carnes e peixes excepcionais, respeitando sempre a ideia central: se abastecerem de produtos naturais diretamente dos pequenos produtores franceses. Uma ótima iniciativa que não para de aumentar, para nossa grande satisfação.

➜ **Terroirs d'avenir – Peixaria/Açougue** 6 et 8 rue du Nil, Paris IIe
T. +33 1 45 08 48 80

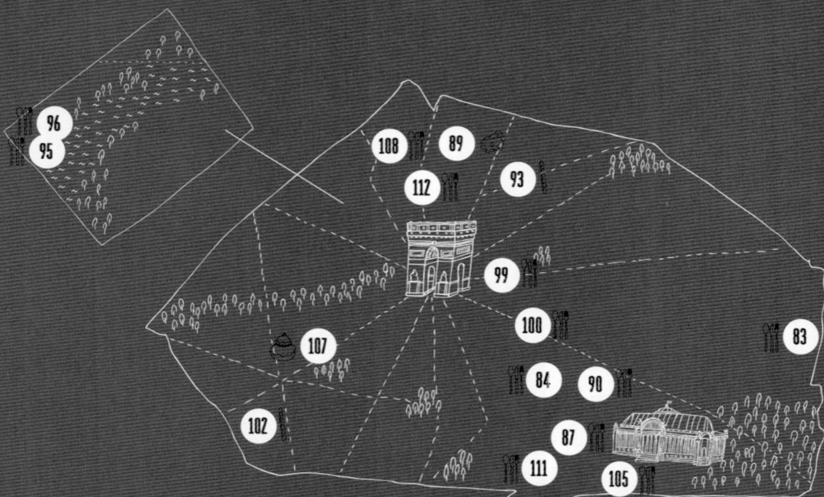
96
95
108
89
112
93
99
100
83
107
84
90
102
87
111
105

CHAMPS ÉLYSÉES

–

ÉTOILE

1728

Aqui viveu La Fayette, e a marquesa de Pompadour mantinha o seu salão. No pequeno salão Trois Ors, antigo e encantador, a culinária de inspiração asiá-tica é singular, mas inusitada. Mais clássica, a elegante carta dos chás, com os doces de Arnaud Larher, discípulo de Pierre Hermé.

— www.restaurant-1728.com

↑ **1728** 8 rue d'Anjou, Paris VIIIe – T. +33 1 40 17 04 77

39 V

«O 39V é, antes de tudo, uma maravilhosa história de harmonia. Eu quis reunir nesse lugar os ingredientes da minha receita de felicidade: amor, cumplicidade, humanidade, convívio, troca, partilha, rigor, beleza, sensualidade, respeito... Situa-do em pleno coração do triângulo de ouro e escondido sob os tetos de Paris, o 39V é um verdadeiro porto de paz que propõe uma culinária simples. Os bons produtos são o resultado de um perfeito acordo entre a natureza e os homens que se inspiram nela..." *Frédéric Vardon*

— www.le39v.com

→ **39 V** 39 avenue George V, Paris VIIIe – T. +33 1 56 62 39 05

ALAIN DUCASSE AU PLAZA ATHÉNÉE

Na reabertura do Plaza Athénée no verão de 2014, Alain Ducasse confere ao seu restaurante uma nova expressão da alta cozinha francesa contemporânea, muito pessoal, com uma decoração completamente nova, com a assinatura de Patrick Jouin. A cozinha é baseada em uma trilogia de produtos de qualidade — peixes, legumes, cereais — tratados de forma única. O cliente é convidado não a viver uma história à mesa, mas antes a viver uma rara experiência.

CHAMPS ÉLYSÉES - ÉTOILE
87
PARIS

– www.dorchestercollection.com

➜ **Alain Ducasse au Plaza Athénée** 25 avenue Montaigne, Paris VIIIe
T. +33 1 53 67 65 00

FROMAGERIE ALLEOSSE

No subsolo, o porão. Ou melhor, os porões, que são quatro: queijos com casca, queijos com casca sem bolor, queijos de leite de cabra e queijos de Savoia. Único em Paris, assim como o *savoir-faire* desse mestre artesão. Um fluxo de especialidades vindas de todos os lugares, com preferência pelos queijos de cabra. E, no final da semana, uma *burrata* extrafresca.

– www.fromage-alleosse.com

→ **Fromagerie Alleosse** 13 rue Poncelet, Paris XVIIe – T. +33 1 46 22 50 45

AUBRAC CORNER

«Do forcado ao garfo" — esse é o caminho das 320 vacas de Christian Vallette. No seu balcão, ele faz hambúrgueres. Espere, não vá embora tão depressa! É a carne de Aubrac, suculenta e renomada, que se mistura com a maionese à moda antiga. O pãozinho de trigo com linho é macio como um pão doce, mas menos açucarado, e serve para absorver rapidamente os sucos da carne no seu miolo, enquanto se morde uma delicadeza qualquer. Nem há necessidade de batatas fritas!

— www.maison-aubrac.com/aubrac-corner

→ **Aubrac Corner** 37 rue Marbeuf, Paris VIII[e] – T. +33 1 45 61 45 35

BE

Levar uma vida de louco não justifica ter de comer mal. E não é o *chef*, Dominique Saugnac, que expressará opinião contrária. Aqui o pão, preparado no local, sai do forno que impera no centro da padaria/*épicerie*. Você escolhe: feito com nozes do Périgord, algas, figos... A sopa é a da manhã, com legumes da estação. À noite, pegamos nas prateleiras um chouriço negro, um pacote de boas massas e um notável azeite de oliva, e seguimos as instruções de preparo da etiqueta. Doces divinos, *pizza* de chocolate.

— www.boulangepicier.com

BE 73 boulevard de Courcelles, Paris VIIIe – T. +33 1 46 22 20 20

BOIS DE BOULOGNE : L'AUBERGE DU BONHEUR

Escondido por trás da Grande Cascade, sempre a cargo da família Menut, um canto de natureza e de calma em plena cidade. Belas árvores, seixos que rangem debaixo dos saltos dos sapatos, mobiliário de jardim... Acima, o céu estrelado. E, bem próxima de nós, a fumaça dos grelhados que vem das cozinhas. O verão em Paris.

— www.restaurantsparisiens.com/restaurant-l-auberge-du-bonheur

→ **Bois de Boulogne : L'auberge du Bonheur** Allée de Longchamp, Bois de Boulogne, Paris XVIe – T. +33 1 42 24 10 17

BOIS DE BOULOGNE : LA GRANDE CASCADE

Ao meio-dia, ficamos encantados com o charme do seu *décor*, com o pavilhão de Napoleão III, o murmúrio fresco da cascata. À noite, fora de Paris, fora do tempo, degusta-se uma culinária elegante, nave-capitânia da família Menut. Clássicos que ostentam um leve toque de inventividade: *escargots* com manteiga de verbena, pavê de peixe assado com creme de *butternut*, espuma de raiz-forte e bolo austríaco torrado para comer com *foie gras* de pato.
Impressionista como um domingo no campo.

— www.restaurantsparisiens.com/restaurant-la-grande-cascade

→ **Bois de Boulogne : La Grande Cascade** Allée de Longchamp, Bois de Boulogne, Paris XVIe – T. +33 1 45 27 33 51

CITRUS ÉTOILE

Dos dez anos que passou em Hollywood, cinco dos quais no restaurante L'Orangerie, Gilles Epié aprendeu a fazer uma culinária viva e leve, sem creme nem manteiga. Um cozimento a vapor e um suco de limão bastam para valorizar os produtos. Os clientes visivelmente gostam disto: ravióli de *foie gras* de pato com trufas e *morilles*, fígado de vitelo ao vapor com cogumelos ou uma posta de *cabillaud* marinada e assada com seu *matignon* de abobrinha à *la grassoise*. Tudo em uma decoração *chic-tonique* com tons cítricos que eletrizam.

— www.citrusetoile.com

Citrus Étoile 6 rue Arsène Houssaye, Paris VIIIe – T. +33 1 42 89 15 51

FOUQUET'S

Há celebridades na sala. E nos nomes dos pratos também: merluza Colbert do jeito que Robert Hossein gosta, raviólis de lagosta Jean Todt, *palet* de chocolate dos Césares. Para os que devem ter cuidado com o peso, mas sem reprimir suas papilas gustativas, a nutricionista Paule Neyrat contribuiu para criar um *ceviche* de atum ao suco de carambola, uma *lotte* em blanquette de coco e tamarindo.

– www.lucienbarriere.com/fr/hotel-luxe/Paris-Hotel-Fouquets-Barriere/Le-Fouquets.html

CHAMPS ÉLYSÉES - ÉTOILE

101

PARIS

→ **Fouquet's** 99 avenue des Champs-Elysées, Paris VIIIe – T. +33 1 40 69 60 50

BOULANGERIE FRÉDÉRIC LALOS

Brioches rechonchudos e dourados a gosto, pães com crosta castanha perfeitamente crocante, doces variados cada um mais delicioso do que o outro e baguetes com toda a elegância parisiense… Não há dúvida, trata-se efetivamente do esconderijo de Frédéric Lalos, *«Meilleur Ouvrier de France»* e eterno apaixonado pela arte da panificação. Nesta padaria ao estilo refinado da rue des Belles-Feuilles, só temos olhos para os produtos, que cheiram à tradição e ao *know-how*. Aliás, dispõem de tantos que nem sabemos para que lado devemos nos virar. O melhor é voltar.

CHAMPS ÉLYSÉES - ÉTOILE
103
PARIS

Boulangerie Frédéric Lalos 22 rue des Belles Feuilles, Paris XVIe
T. +33 1 47 27 48 17

LASSERRE

Depois da guerra, transferiu seu modesto bistrô para uma mansão próxima, restaurada. Esse lugar mítico é o fruto do trabalho e da paixão do homem que, no decurso dos anos, o fez ganhar renome internacional e soube dar vida à culinária "à la française", clássica e delicada. Hoje, o restaurante Lasserre tomou novo alento com a chegada do *chef* Christophe Moret, que trabalhou durante seis anos no Plaza Athénée. A casa aproveitou para refazer a decoração da grande sala, onde se pode ver o teto se abrir para um jantar sob as estrelas...

– www.restaurant-lasserre.com

CHAMPS ÉLYSÉES - ÉTOILE
105
PARIS

↑ **Lasserre** 17 avenue Franklin Delano Roosevelt, Paris VIIIe – T. +33 1 43 59 02 13

LENÔTRE
LENÔTRE

CHAMPS ÉLYSÉES - ÉTOILE

PARIS

LENÔTRE

Gaston Lenôtre, que puxa a fila da sua geração, criador genial, generoso e precursor, soube romper com os tradicionais códigos da arte da confeitaria. Esse embaixador do bom gosto abria, há mais de quarenta anos, a primeira escola francesa gastronômica de formação e de aperfeiçoamento. Um *savoir-faire* hoje transmitido pela casa Lenôtre, que continua a valorizar o patrimônio francês.

– www.lenotre.com

→ Lenôtre 48 avenue Victor Hugo, Paris XVIe – T. +33 1 45 02 21 21

RECH

Quando se abre a porta, parece que a costa atlântica exala toda sua riqueza iodada. As luzes suaves e o madeirame claro revelam os toques refinados, as toalhas adamascadas, as manteigueiras de ágata. E quando chega o grande linguado à *la meunière* para dois, tostado por fora, acetinado e capaz de derreter na boca, até mesmo as gaivotas se calam. Sob o impulso criador de Jacques Maximin, o menu flutua segundo as marés. Julien Dumas cozinha os produtos do oceano e dos rios — tudo fresco, esplêndido.

— www.restaurant-rech.fr

→ **Rech** 62 avenue des Ternes, Paris XVIIe – T. +33 1 58 00 22 13

LE RELAIS PLAZA

Imaginem a sala de jantar do navio *Normandie*, desarrumada pelo sopro jubiloso dos Anos Loucos. O Relais Plaza é isso: elegantíssimo e movimentado. Como em casa, mas melhor do que em casa, a culinária de *brasserie* de Philippe Marc reúne o escalope vienense, o *tartare* com batatas palha e o timo de vitelo no espeto, aventurando-se às vezes entre as lasanhas verdes ao *mascarpone* e cogumelos, ou entre as lagostas de patas vermelhas ao molho *jus de rôti*. Um *baba au rhum*, embriagado e alegre como um solo de trompete, termina belamente o cruzeiro.

— www.dorchestercollection.com

CHAMPS ÉLYSÉES - ÉTOILE
111
PARIS

Le Relais Plaza 25 avenue Montaigne, Paris VIIIe – T. +33 1 53 67 66 02

RESTAURANT GUY SAVOY

«Se eu não tivesse nascido na França, não teria tido a ideia de ser cozinheiro! Quanto a Paris, foi com fascinação que descobri seus monumentos, seus museus, suas paisagens. Paris é um teatro em que tenho a felicidade de representar há alguns anos: meus pratos são a minha cena, meus produtos, o meu texto. A partir do final do ano de 2011, representarei meu papel no la Monnaie, esse suntuoso edifício do cais de Conti, que desde 1775 faz um só corpo com o Sena e com o Louvre..." *Guy Savoy*

– www.guysavoy.com

CHAMPS ÉLYSÉES - ÉTOILE
113
PARIS

→ **Restaurant Guy Savoy** 18 rue Troyon, Paris XVIIe – T. +33 1 43 80 40 61

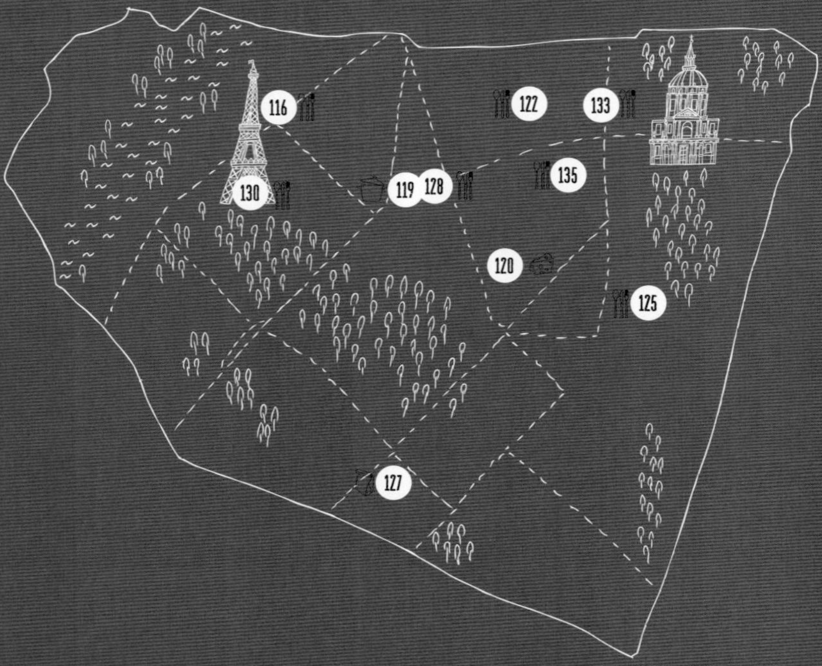
116
122
133
135
119
128
130
120
125
127

CHAMP DE MARS

–

INVALIDES

BATEAUX PARISIENS

Pode-se alugar um dos barcos-restaurante e descer o Sena, no crepúsculo, ou então saborear a dois um jantar *Prestige*, *Champagne*, *Jazz*, *Étoile* ou *Saveur*, quando os monumentos são iluminados, a brisa se levanta e os espíritos vagueiam... *Velouté* verde e branco, ao cappuccino, peito de pato com molho de vinho do Porto, e os cultuadíssimos crepes Suzette com manteiga de laranja; toda a magia de uma ceia glamourosa. Carta de vinhos de coleção. Sejamos nós de Paris ou de Tóquio, um momento excepcional.

– www.bateauxparisiens.com

↑ **Bateaux Parisiens** Port de La Bourdonnais, Paris VIIe – T. +33 8 25 01 01 01

CHAMP DE MARS - INVALIDES
119
PARIS

CAFÉ CONSTANT

Christian Constant confiou a direção a seu antigo *chef* do Fables de La Fontaine. À mesa, uma cozinha de *brasserie*, inspirada na de Maman, mas revisitada por um pirralho que sabe o que quer. Mergulhada na infância, graças às aves de Berry assadas na manteiga com ervas ou com arroz ao leite aromatizado com baunilha. Excursionando pela modernidade, o embutido de dorso de coelho ao carpaccio de alcachofras ou o crocante de camarões ao manjericão. Voltamos na manhã seguinte para um *chocolat-croissant* no balcão.

– www.cafeconstant.com

→ **Café Constant** 139 rue Saint-Dominique, Paris VIIe – T. +33 1 47 53 73 34

FROMAGERIE MARIE-ANNE CANTIN

Filha de Christian Cantin, fundador da Associação dos Queijeiros, Marie-Anne dirige o navio com sua filha e o marido, Antoine, que obteve o certificado de Melhor Artesão da França. Ela dá tratos à bola para evitar uma padronização de gostos. Os queijos são escolhidos cuidadosamente, produzidos em quantidades limitadas e em pequenos lotes. Maria-Anne cura os queijos em seu próprio porão, durante muitos meses, para o *beaufort* ou para o *comté*. Se essa for a paixão de vocês, procurem marcar uma sessão de degustação sob medida da especialidade que escolherem.

– **www.cantin.fr**

CHAMP DE MARS - INVALIDES
121
PARIS

→ Fromagerie Marie-Anne Cantin 12 rue du Champs de Mars, Paris VIIe
T. +33 1 45 50 43 94

CHEZ L'AMI JEAN

«Minha filosofia de cozinha é simples: nem grades nem barreiras, inspirando-se na tradição. Ser livre... está vendo?
Gastronomia, bistrô, o rústico, a cozinha, o que for! O objetivo do jogo é procurar os melhores produtos que chegam de toda a França, e então se faz de tudo, de A a Z, uma coisa diferente todos os dias. Veja, para hoje, preparei isto: uma terrina de polvo com *foie gras* e sal defumado. Hoje é isso, amanhã não sei, e isso talvez não se repita nunca mais. Seria uma facilidade refazer, mas não é nada divertido... Aqui, somos livres!" ***Stéphane Jego***

– www.lamijean.fr

→ **Chez l'Ami Jean** 27 rue Malar, Paris VIIe – T. +33 1 47 05 86 89

PROTECTION DES MINEUR
ET
RÉPRESSION DE L'IVRESSE PUBLIQ

CHAMP DE MARS - INVALIDES
125
PARIS

AUBERGE D'CHEZ EUX

Corta-se a carne na mesinha de servir? Coisa rara hoje! Nesse lugar, é o pato com figos ou peras, conforme a estação, que passa por ali. Laurent e Catherine Brenta, do L'Évasion, dirigem a pousada que exala o perfume da França de outrora. Sob a salgadeira de frios datada de 1950, atacamos os salsichões, o carrinho repleto de entradas, o lendário *cassoulet*, a cabeça de vitelo digna de um presidente e baixamos as armas diante do *paris-brest*.

– www.chezeux.com

↑ **Auberge d'chez eux** 2 avenue Lowendal, Paris VIIe – T. +33 1 47 05 52 55

ÉPICERIE DU PÈRE CLAUDE

Alain Ducasse: E então, esse presunto de Paris?
Ludovic Perraudin: O "príncipe de Paris" é um presunto da Bretanha, preparado à moda antiga. Não é tratado nem batido, mas aspirado e esfregado com sal grosso. O artesão só faz 250 presuntos por semana, sem colorantes, sem conservantes, sem gelatina.
AD: A textura é fina, sedosa. Excelente. Além disso, tem um verdadeiro cheiro de presunto. O que é raro.
LP: Quer um pepininho em conserva??
AD: Nada disso! Seria um pecado.

— www.epicerieduperclaude.com

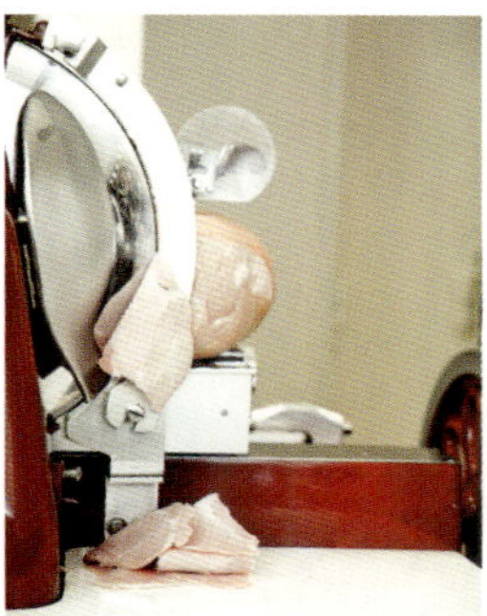

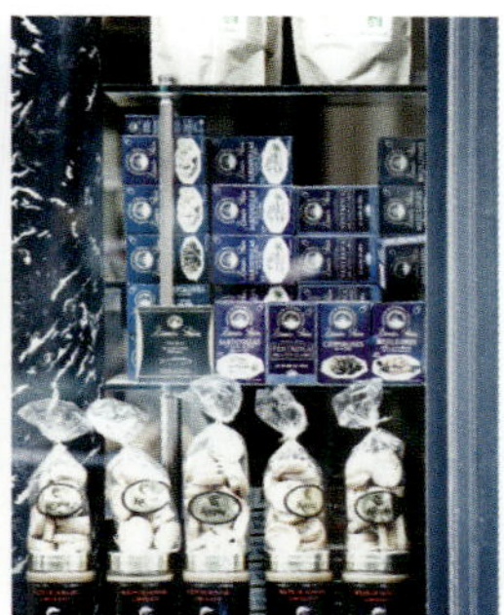

→ **Épicerie du Père Claude** 4 rue du Général de Castelnau, Paris XVe
T. +33 1 47 34 04 04

LA FONTAINE DE MARS

Nesse bistrô de grande tradição, entre a toalha xadrez, a banqueta de couro vermelho e as cadeiras de palhinha, Christiane e Jacques Boudon exibem os produtos do Grande Sudoeste: *cassoulet* com feijões de Tarbes, chouriço basco de Christian Parra, torta das Landes... Sem negligenciar o resto do mundo: produtos de porco do Auvergne, da casa Laborie, salsichas Duval. Paixão pelos ovos em molho de vinho tinto.

– www.fontainedemars.com

CHAMP DE MARS - INVALIDES
129
PARIS

→ **La Fontaine de Mars** 129 rue Saint-Dominique, Paris VIIe – T. +33 1 47 05 46 44

LE JULES VERNE

A Torre Eiffel. Nenhum parisiense se cansa dela. Quando começa a cintilar no momento exato em que se olha para ela, quando subimos por entre as vigas de metal dourado em um elevador que mais parece uma bolha de champanhe, quando se descobrem do terraço envidraçado as luzes da cidade, a Torre Eiffel nos oferece como presente a magia de Paris.

Nesse lugar único, emblema da França, a culinária de Pascal Féraud é 100% nacional. Do azeite de oliva às *morilles*, é um arco-íris azul-branco-vermelho dos melhores produtos de nossas regiões. Uma culinária bem pé no chão para um momento de relaxamento.

— www.lejulesverne-paris.com

→ **Le Jules Verne** Tour Eiffel, avenue Gustave Eiffel, Paris VIIᵉ – T. +33 1 45 55 61 44

PETROSSIAN

Caviar
Petrossian

PETROSSIAN

CHAMP DE MARS - INVALIDES
133
PARIS

PETROSSIAN

Armen Petrossian cuida de grãos. Ele conseguiu reviver o gosto pelo seu famoso caviar prensado, que desaparecera do mercado e que é uma união sábia de *beluga*, *osciètre* e *sevruga*. Mas, esperem, não há só caviar na casa de Petrossian. Uma pata de caranguejo--real de Kamchatka estende os braços aos visitantes. Mas sempre é cozida demais, não é? Nada disso. A carne fina se destaca como a de uma lagosta. Os aromas delicados são quase açucarados. Até a última fibra, o dente procura reter a textura evanescente. O caranguejo em estado puro.

— www.petrossian.fr

→ **Petrossian** 18 boulevard de la Tour-Maubourg, Paris VIIe – T. +33 1 44 11 32 22

MIEUX
pub

CHAMP DE MARS - INVALIDES
135
PARIS

HÔTEL THOUMIEUX

O menu do novo Thoumieux é bicolor: *room service* para os pratos clássicos, calamares à *la carbonara* e lebre *à la royale*, e *Ma cuisine* para as audácias do *chef*, lagostas ao coco, ou massa de *pizza souflée* ao atum e ao queijo *roquette*. Sobremesas incríveis. No primeiro andar, a pequena e bonita sala de jantar oferece uma culinária exclusiva. E dez quartos para prolongar o momento.

– www.thoumieux.fr

→ **Hôtel Thoumieux** 79 rue Saint-Dominique, Paris VIIe – T. +33 1 47 05 49 75

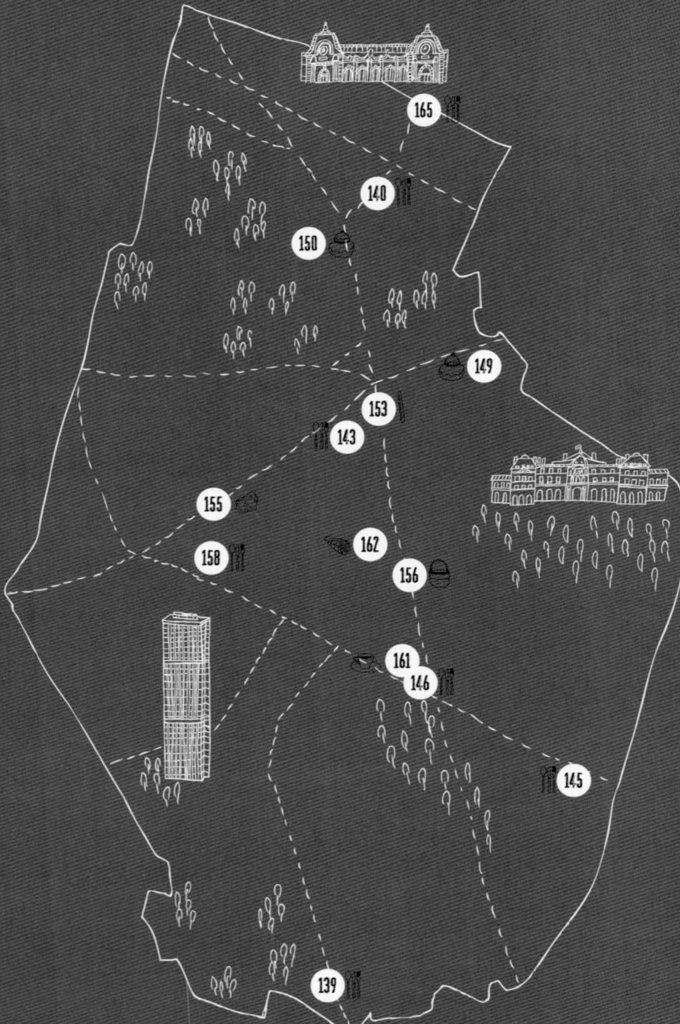
165
140
150
149
153
143
155
162
158
156
161
146
145
139

MONTPARNASSE
–
LUXEMBOURG

L'ASSIETTE

MONTPARNASSE - LUXEMBOURG
139
PARIS

Alain Ducasse: O que você tem para saborearmos, hoje?
David Rathgeber: Meu improviso gastronômico: timo de vitelo, pitus, cogumelos dos bosques, *foie gras* quente. Faço escalopes grandes com o timo de vitelo e misturo manteiga cremosa. Acrescento os pitus, os cogumelos de la Saint-George e algumas pontas de aspargos. Uso conhaque para dissolver bem os ingredientes, junto o molho Nantua, misturo ligeiramente com um pouco de creme e coloco os escalopes de *foie gras* fritos, uma pitada de sal, um bom punhado de pimenta... Vamos para a mesa!

– www.restaurant-lassiette.com

↑ **L'Assiette** 181 rue du Château, Paris XIVe – T. +33 1 43 22 64 86

L'ATELIER DE JOËL ROBUCHON

«Eu trabalho com *monsieur* Robuchon desde 1982. Em 2003, quando ele quis criar esse novo conceito de restaurante, associou-se naturalmente a seus principais colaboradores. No início, desejávamos trabalhar sem pressão e, principalmente, ficar mais próximos de nossos clientes; por isso, surgiu a ideia dessa cozinha aberta. E o espírito da culinária também evoluiu: sempre um bom produto, cultivado ou colhido por nossos produtores e preparado com muita simplicidade. Atualmente, recebemos nossos clientes como amigos. Essa é a nossa melhor recompensa." *Éric Lecerf*

— www.joel-robuchon.com

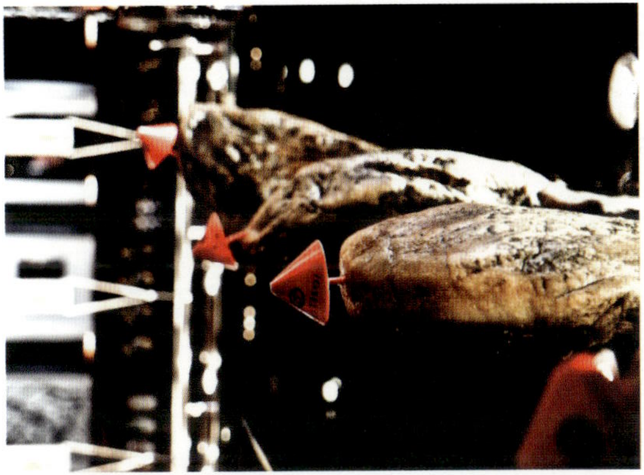

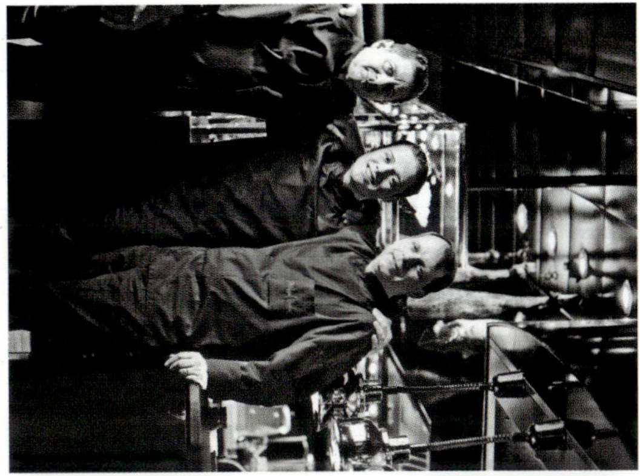

→ **L'Atelier de Joël Robuchon** 5 rue de Montalembert, Paris VIIe
T. +33 1 42 22 56 56

LE CHERCHE MIDI

Os antepastos da casa, os peixes do dia e o *carpaccio* são de um frescor indiscutível. Eles combinam com um excelente azeite de oliva, uma ótima mussarela. Nada de *pizzas*, nem combinações de produtos estranhos, apenas os ingredientes trabalhados à moda antiga, com simplicidade. O ambiente é caloroso na salinha bem servida, bem como na varanda, que fica lotada nos dias bonitos.

— **www.lecherchemidi.fr**

↑ **Le Cherche Midi** 22 rue du Cherche Midi, Paris VIe – T. +33 1 45 48 27 44

DES LILAS

MONTPARNASSE - LUXEMBOURG 145 PARIS

LA CLOSERIE DES LILAS

Instintivamente olhamos debaixo da banqueta para verificar se Picasso não deixou cair um pingo de tinta, ou Hemingway, uma página de manuscrito. Rimbaud, um verso livre. Os habitués, que vinham já com Aragon, sabem disto: é à *brasserie* que se deve ir, o restaurante é para os burgueses. Que importa, aproveita-se o caramanchão e os famosos lilases, deixando derreter sobre as papilas o lendário tartare *au couteau* ou o haddock *à la crème*.

— www.closeriedeslilas.fr

La Closerie des Lilas 171 boulevard du Montparnasse, Paris VIe
T. +33 1 40 51 34 50

LE DÔME

Peixes aristocráticos para uma *brasserie* de luxo. Eles chegam como vizinhos da peixaria homônima e se enfeitam para combinar com a decoração assinada por Slavik. O menu evolui conforme as pessoas chegam, uma porção de *saint-pierre* ou *bouillabaisse*, *salmonete à la plancha* ou frutos do mar. Um ponto para habitués, de Trótski a Jean-Paul Sartre.

➔ **Le Dôme** 108 boulevard du Montparnasse, Paris XIVe – T. +33 1 43 35 25 81

PIERRE HERMÉ PARIS

Pierre Hermé: Então, quer provar um *macaron*? Esse é de jasmim. Tem também de canela –, de cerejas-*griottine* –, pistache, rosa, chocolate, caramelo, *wasabi*-morango, abricó-pistache e chocolate-ao-leite-maracujá e muitos outros...
Alain Ducasse: Você sabe que eu gosto deles duros e sem recheio!
PH: Eu gosto deles molinhos, cremosos, com apenas uma crosta crocante. Há muitas escolas!

– www.pierreherme.com

→ **Pierre Hermé Paris** 72 rue Bonaparte, Paris VIe – T. +33 1 43 54 47 77

LA PÂTISSERIE DES RÊVES

Teoricamente, um mil-folhas deve ser crocante. Nada disso. Esse derrete na boca. Ele se dissolve como uma aristocrata em um frufru de creme de baunilha, sustentado até o derradeiro suspiro pelo espartilho de uma técnica implacável. Somente no domingo — senão, ninguém iria mais trabalhar.
Depois da rue du Bac, Philippe Conticini, um dos maiores *pâtissiers* de sua geração, investiu também na filial da rue de Longchamp. Enfim!

— www.lapatisseriedesreves.com

→ **La Pâtisserie des Rêves** 93 rue du Bac, Paris VIIe – T. +33 1 42 84 00 82

BOULANGERIE POILANE

Apollonia Poilâne: A baguete, emblema do parisiense, no início era um pão de ricos, um pão branco. Nossa casa atingiu seu sucesso com os cafés populares, que requeriam um pão camponês.

Alain Ducasse: Para se comer uma fatia de pão com frios, presunto, salsichão...

AP: Exatamente. E esses quadros que estão aí em cima foram dados pelos pintores do bairro, que, com fome, trocavam suas obras por um pedaço de pão: "Uma crosta (de pão) contra uma crosta (de pintura)", diziam.

— www.poilane.fr

↑ **Boulangerie Poilane** 8 rue du Cherche-Midi, Paris VI[e] – T. +33 1 45 48 42 59

FROMAGES DE TRADITION
QUATREHOMME

Affineur
Quatrehomme

La Tomme de Savoie
Kg: 18,95 €

FROMAGERIE QUATREHOMME

Marie Quatrehomme, Melhor Artesã da França, 25 anos de profissão, gerencia em família três lojas parisienses. Fornece também para o Hotel Meurice, Pierre Gagnaire e Guy Savoy. Seus conselhos são bons: há vinte anos, a equipe não hesitava em nos fazer descobrir o *roquefort* Carles, menos popular, mais barato e menos salgado que o dos seus célebres concorrentes. A lista dos seus queijos bem curados satisfaz a quase todas as loucuras.

— www.quatrehomme.fr

➜ Fromagerie Quatrehomme 62 rue de Sèvres, Paris VIIe – T. +33 1 47 34 33 45

MARCHÉ RASPAIL

Um mercado: três refeições completas. Ao longo do *boulevard* Raspail pode-se compor o menu de um dia inteiro.

Para o café da manhã, os *muffins* ingleses feitos à mão, com um sorriso, e ovos pochés. Ao meio-dia, é muito tentador mandar para a panela toda essa infinidade de belos legumes orgânicos. E, para o jantar, leitão assado, ótimos queijos tipo fazenda, salada de cítricos. Se pudéssemos, cozinharíamos assim durante todo o ano.

↑ **Marché Raspail** Boulevard Raspail, Paris VIe

RESTAURANT JOSÉPHINE

Vamos! Um lugarzinho para o generoso mil-folhas ou para o divino *soufflé au Grand Marnier*... Garantia das tradições, essa é mais uma história de família que perdura com o filho – couro e prataria envelhecida, espelhos manchados e culinária burguesa. "Chez Dumonet", para os habitués, é um autêntico bistrô parisiense dos anos 1920. As terrinas e os *foies gras* são feitos em casa. O *tartare* de boi, preparado na sala, é harmonioso. No Chez Dumonet a generosidade está no menu – uma questão de princípios.

→ Restaurant Joséphine Chez Dumonet, 117 rue du Cherche-Midi, Paris VIe
T. +33 1 45 48 52 40

Select

LE SELECT

Duas panelas bojudas e altivas, uma grande e outra pequena, abrem caminho até a mesa. Para começar, o líquido sombrio e selvagem do chocolate negro, derretido. Depois, a carícia do leite cremoso. É o chocolate à moda antiga do Select, espesso como um tapete de lã alta e reconfortante como o fogo de uma lareira. No fundo da panela ainda se arrasta um pouco da alma dadaísta de Montparnasse.

↑ **Le Select** 99 boulevard du Montparnasse, Paris VIe – T. +33 1 45 44 56 45

GILLES VÉROT – CHARCUTIER

Campeão da França por sua fromage de tête, premiado pelo melhor *foie gras*, e assim por diante: Gilles Vérot honra seus suínos. Seu folhado de presunto e seu patê em crosta de pistaches "para os puristas" são muito apreciados. Bela qualidade de seus presuntos com salsa e de suas salsichas. Um açougueiro muito bom, do jeito que a gente gosta e que agora está conquistando os nova-iorquinos, ao lado de Daniel Boulud.

– www.verot-charcuterie.fr

→ Gilles Vérot – Charcutier 3 rue Notre-Dame des Champs, Paris VIe
T. +33 1 45 48 83 32

Le Voltaire
BAR LUN

LE VOLTAIRE

MONTPARNASSE - LUXEMBOURG
165
PARIS

Um ovo cortado ao meio. Depois, a coisa se complica. Algumas rodelas de rabanete. Um grupinho de vagens verdes. Cogumelos-de-paris frescos, cortados em fatias finas. E a bela maionese de creme e de mostarda que envolve os ovos em uma nova concha. Um raminho de cerefólio para fazer o ponto de exclamação entre dois sorrisos de tomate. É um ovo com maionese, é isso o que se ama.

Le Voltaire 27 Quai Voltaire, Paris VIIe – T. +33 1 42 61 17 49

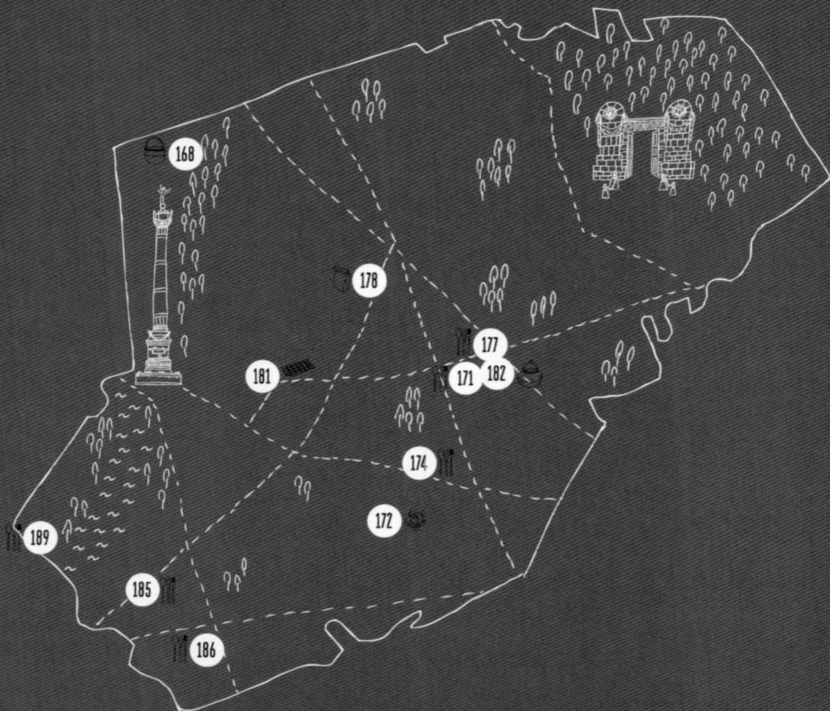
168
178
177
181
171
182
174
172
189
185
186

BASTILLE
-
BELLEVILLE

MARCHÉ BASTILLE

É um dos maiores mercados de Paris e reúne uma boa centena de comerciantes. O constrangimento da escolha, a preços razoáveis. Frequentemente há produtos de boa qualidade, como na peixaria de Jacky Lorenzo, uma figura típica do local. Os turistas vêm admirar os produtos regionais e, quanto a nós, apreciamos o ambiente animado desse verdadeiro mercado de bairro.

↑ **Marché Bastille** Boulevard Richard Lenoir, Paris XIe

BOIRE APÉRO PLUS
FINANCER
FONDS VIEILLESSE

BISTROT PAUL BERT

Jean Gabin tem problemas com seu filho, chamado Claude Brasseur, bem como com sua filha, Jeanne Moreau. Gabin vem do campo, Brasseur é um ciclista e Jeanne Moreau cai de amores por um velho atraente. Quando nos instalamos no Bistrot Paul Bert, tudo é *Gas-oil*, os grandes filmes de Gabin, o sorriso de Moreau e Paris em branco e preto que passam diante de nossos olhos.

↑ **Bistrot Paul Bert** 18 rue Paul Bert, Paris XIe – T. +33 1 43 72 24 01

BOUCHERIE MICHEL BRUNON

A carcaça do boi balança ao longo do trilho, fazendo um barulho de ferrovia, a dois centímetros da bela morena que prepara as salsichas matutinas. Os cortes de primeira, as costeletas de cordeiro, as pernas de carneiro — "É um produto para iniciados", se diverte Michel Brunon, segurando uma entrecôte devidamente marinada. Ela vai se cortar sozinha, mais tarde, sob o garfo. "Eu mesmo preparo todas as carnes para a maturação. Caso contrário, não as como. E se eu não comê-las, não poderei verdadeiramente servi-las a meus clientes. Sou açougueiro, e não um comerciante de carnes."

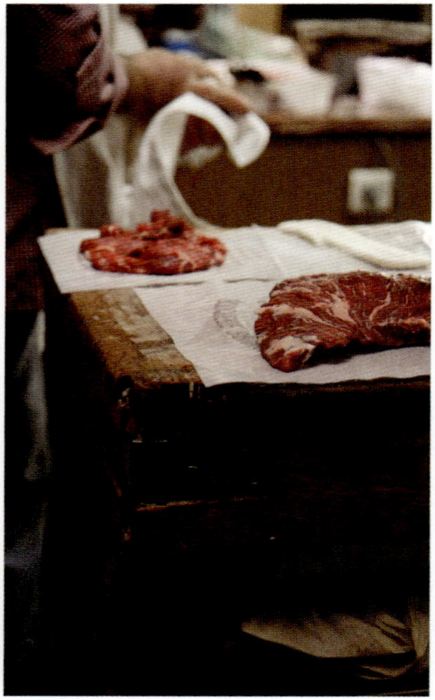

➜ **Boucherie Michel Brunon** Marché Beauveau, place d'Aligre, Paris XIIe
T. +33 1 43 40 62 58

CAFFÈ DEI CIOPPI

Delicadeza, teu nome é *sbrisolona*. Uma tortinha a que não se daria nada, isso mesmo, uma mera tortinha seca. Pó de amêndoas, farinha de milho. Ao dente, é Verdi no Scala de Milão, ou um banho na Fonte di Trevi — no caso, em um potinho de creme ao *mascarpone*. Fabrizio e Federica não ficam somente nos doces, é claro. Eles elaboram com maestria uma culinária de *trattoria*, simples e precisa.

→ **Caffè Dei Cioppi** 159 rue du Faubourg Saint-Antoine, Paris XIe
T. +33 1 43 46 10 14

Maison Chardenoux

Berkel
1898

LE CHARDENOUX

«Eu procurava um lugar muito parisiense, carregado de história, para fazer uma culinária descomplicada e com muita simplicidade. Um bistrô, quer dizer, um local com um cozinheiro, eterno, charmoso, autêntico, gastronômico...
Empurrei a porta do Chardenoux e falei: é aqui. Desde então, interpretamos os grandes clássicos parisienses: o *tartare* de boi, os aspargos-mimosa das Landes, o lombo de cordeiro em crosta de argila, o frango ao funcho, as rabanadas, os doces... Sem nos proibirmos de 'viajar', por exemplo, com os moluscos ao *curry*..."
Cyril Lignac

— www.restaurantlechardenoux.com

BASTILLE - BELLEVILLE
177
PARIS

↑ Le Chardenoux 1 rue Jules Vallès, Paris XIe – T. +33 1 43 71 49 52

CHEZALINE

Decoração retrô de um antigo açougue de carne de cavalo para esse mini e engraçado balcão embutidos-queijaria: Delphine Zampetti, ex-*chef* do Café Caché de 104 e Verre Volé, manteve a alma da loja. Agora já não é servido cavalo, mas excelentes produtos para compor rápidos sanduíches *gourmet*, o frango na panela é de sucumbir, ou as saladas, bem como os pratos e as sobremesas do dia. Ideal para uma merecida pausa ao almoço no coração do bairro da Bastilha...

↑ **Chezaline** 85 rue de la Roquette, Paris XIe – T. +33 1 43 71 90 75

MADAGASCAR
65 %
LE CHOCOLAT
FOURRÉE
LE CHOCOLAT
ALAIN DUCASSE
GANACHE NOIRE
JAVA
65 %
LE CHOCOLAT
ALAIN DUCASSE
TRINITARIO
75 %
CHOCOLAT
TRINITARIO

LE CHOCOLAT
ALAIN DUCASSE

LE CHOCOLAT ALAIN DUCASSE – MANUFACTURE À PARIS

"Atravesse o pátio pavimentado e entre no universo do chocolate. Sacos de juta cheios das melhores favas rigorosamente selecionadas nos quatro cantos do planeta, um ruído por vezes ensurdecedor de máquinas – torradora, calibradora, tarara, trituradora, moldadora... – descobertas por toda a Europa, de odor amargo e penetrante a chocolate puro, o mais sensual, doce, dos bombons e tabletes vai arrastá-lo para um mundo físico, sensorial, sedutor e *gourmet*."
Alain Ducasse

– www.lechocolat-alainducasse.com

→ Le Chocolat Alain Ducasse – Manufacture à Paris 40 rue de la Roquette, Paris XIe
T. +33 1 48 05 82 86

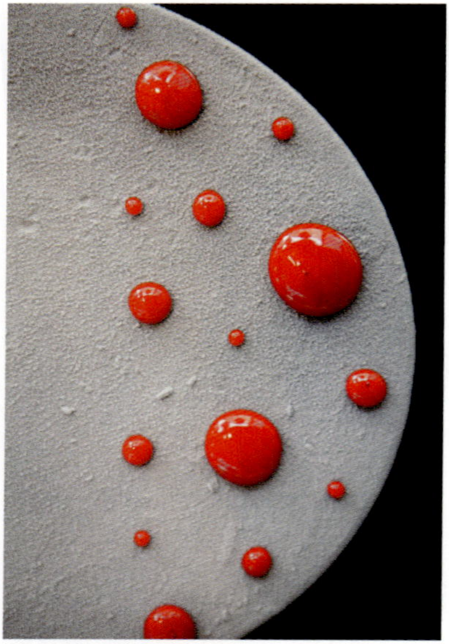

PÂTISSERIE CYRIL LIGNAC

Foi na deliciosa rue Paul Bert, uma das mais *gourmet* de Paris, que Cyril Lignac escolheu para abrir, juntamente com Benoît Couvrand, a sua primeira confeitaria de belas linhas refinadas, em frente ao seu Chardenoux! Igualmente confeiteiro de profissão, Cyril Lignac nos faz descobrir a sua interpretação do mundo doce: uma sólida base clássica, com uma ponta chique de originalidade no visual e, sobretudo, muito talento. Esse é o segredo do sucesso da sua torta merengue de limão, o Paris-Brest ou baba-*chantilly* de baunilha, assim como dos pães, confeitaria dinamarquesa e outras doçuras...

– www.lapatisseriecyrillignac.com

BASTILLE - BELLEVILLE
183
PARIS

→ **Pâtisserie Cyril Lignac** 24 rue Paul Bert, Paris XIe – T. +33 1 43 72 74 88

Le QUINCY

LE QUINCY

Chuva, neve ou vento: no menu, o *noeud papillon* e, logo acima dele, Bobosse, o truculento patrão. Ele mantém um hotel de campo em pleno coração de Paris. Pratos dignos de Gargântua, produtos frescos, receitas tricolores. É tempo de lagostins, dos verdadeiros "patas vermelhas". Como diria o hoteleiro, "não se deve tirá-las!".

— www.lequincy.fr

↑ **Le Quincy** 28 avenue Ledru-Rollin, Paris XIIe – T. +33 1 46 28 46 76

LE TRAIN BLEU

Os viajantes, imóveis, embarcaram para um reino de dourados e afrescos. Olhando para o teto, a imaginação foge para a Île-de-France, atravessa o Rhône adormecido e acorda somente à beira do mar. Fora, há os trens, o barulho, a agitação, os que partem, os que chegam e os que permanecem. Sobre a mesa, na penumbra das banquetas imensas, brilha um *baba-chantilly*.

– www.le-train-bleu.com

➜ **Le Train Bleu** Gare de Lyon, place Louis Armand, Paris XIIe – T. +33 1 43 43 09 06

YACHTS DE PARIS

Embarque no *Cachemire*, reservado para um cruzeiro gastronômico em completa intimidade. Na cozinha, Guy Krenzer, Melhor Artesão da França, é quem aceita as comandas: *Saint-Jacques* marinadas com frutas cítricas, abacate e suco Suzette, *foie gras* caramelizado, uvas e nozes apimentadas, emulsão de trufa negra... Os copos são de cristal *baccarat* e a lareira em mármore. Paris sobre o Sena, no grupo dos refinados.

– www.yachtsdeparis.fr/

→ **Yachts de Paris** Port Henri IV, Paris IVe – T. +33 1 44 54 14 70

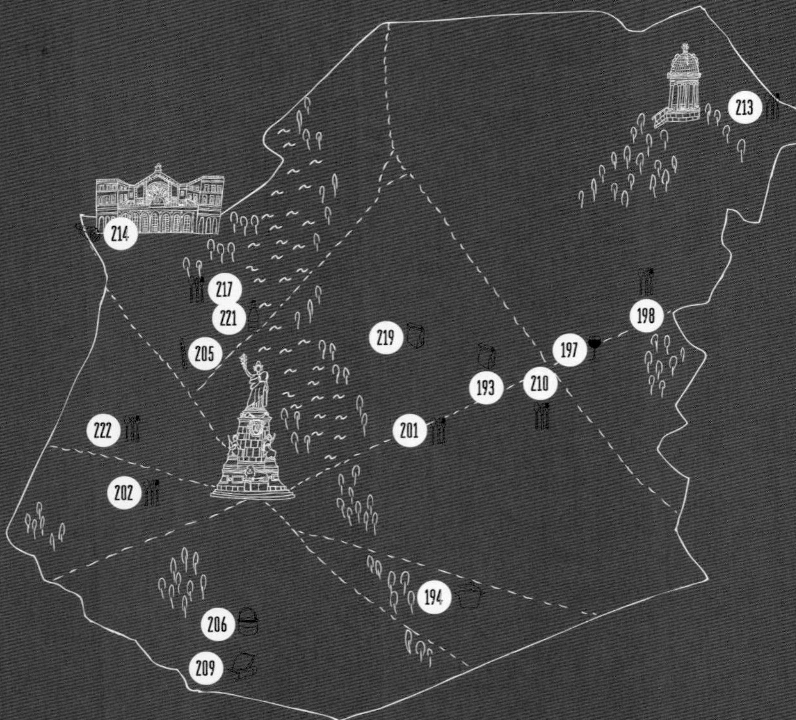
214
213
217
221
219
205
197
198
193
210
222
201
202
194
206
209

RÉPUBLIQUE

-

BUTTES CHAUMONT

RIZ
RIZ

ASIE ANTILLES AFRIQUE

O mundo inteiro em um saco de juta. Ziguezagueia-se por entre montanhas de arroz vindo de todos os continentes, leguminosas, inhames, batatas-doces de todas as cores. Está lotado de africanos e de chineses. Um senhor das Antilhas acaba de escolher seu porco ao vinagre e suas pimentas *bonda Man Jacques* (traseiro da Mãe Jacques) — conforme o dialeto crioulo. Amantes de exotismo e aventureiros do gosto se dividem para escolher entre duas espécies de banana.

Asie Antilles Afrique 88 bis rue du Faubourg du Temple, Paris XIe

AUX DEUX AMIS

O restaurante Aux Deux Amis renovou-se. Embora a decoração não tenha mudado, há novidades no menu. Debruçados no balcão, podemos saciar a sede com um excelente vinho natural, depois nos acomodamos debaixo das luminárias de néon para saborear os pratos triviais. Não há necessidade de complicar as coisas para ficar satisfeito, aproveitemos o momento. É interessante partilhar um último copo na varanda que dá para a calçada: ao vento!

→ **Aux Deux Amis** 45 rue Oberkampf, Paris XIe – T. +33 1 58 30 38 13

AUX FOLIES

CAUTION
EXTRA BALL
ALFRED
BRUCE WAYNE
GORDON
RACHEL DAWES

BAR AUX FOLIES

Era um cabaré. Piaf e Maurice Chevalier cantaram ali. O local conserva o ar de espetáculo parisiense, com colunas e pavimento em mosaico. Passa-se para tomar um café no balcão, como nos bons velhos tempos, evitando o reflexo dos néons coloridos no grande espelho que se estende ao longo do bar. Cede-se ao prazer da pequena mousse na varanda e de observar os passantes. Logo nos sentimos à vontade, entrando no legítimo burburinho parisiense.

— www.aux-folies-belleville.fr

→ **Bar Aux Folies** 8 rue de Belleville, Paris XXe – T. +33 6 14 17 91 33

LE BARATIN

Ela não fala, a Raquel. Não fala do tempo. Pois o tempo é gosto. A simplicidade — é preciso que isso cozinhe a fogo lento, devagarzinho, na calma de suas grandes caçarolas de alumínio brilhante, na intimidade de sua minúscula cozinha. A delicada terrina de fígado de *lotte*, o sashimi de cavalas, o rábano negro e a framboesa fresca difundem as cores de uma culinária pessoal, perfeitamente dominada. A carta de vinhos naturais, selecionados por Philippe Pinoteau, "Pinuche" para os íntimos, encarrega-se da conversação.

→ **Le Baratin** 3 rue Jouye-Rouve, Paris XXe – T. +33 1 43 49 39 70

LE CHATEAUBRIAND

Atenção, cozinha a todo vapor. Sacudidelas frequentes. Vertigens possíveis. Encontro inesperado de mariscos e caldo *dashi*, choque entre o sabor da anchova ou da manga sobre um carpaccio, da laranja sobre o abadejo. No controle do navio, Inaki Aizpitarte sorri alisando a barba. Ele extrai de sua origem basca um molho de pimenta e frutos vermelhos, um queijo fresco como uma rosa recém-aberta. Saímos ligeiramente atordoados pela descoberta de outros horizontes, como depois de um pequeno passeio em um disco voador.

RÉPUBLIQUE - BUTTES-CHAUMONT
201
PARIS

– www.lechateaubriand.net

Le Chateaubriand 129 avenue Parmentier, Paris XIe – T. +33 1 43 57 45 95

CHEZ L'AMI LOUIS

Em 1924, havia um restaurante de "caldo e frituras" mantido por Louis Pedebosq, natural de Berna. A partir de então a decoração não mudou muito. 1936: Antoine Magnin, célebre *chef* da época, compra o negócio e continua a propor essa cozinha de caça, de pequenos pássaros e de pratos tradicionais.

Logo após a guerra, os jovens americanos que frequentavam a Escola Central fizeram do restaurante seu quartel-general. E se lembrariam sempre dele dali por diante. Hoje, várias gerações de clientes frequentam o estabelecimento, cada qual com um laço afetivo particular.

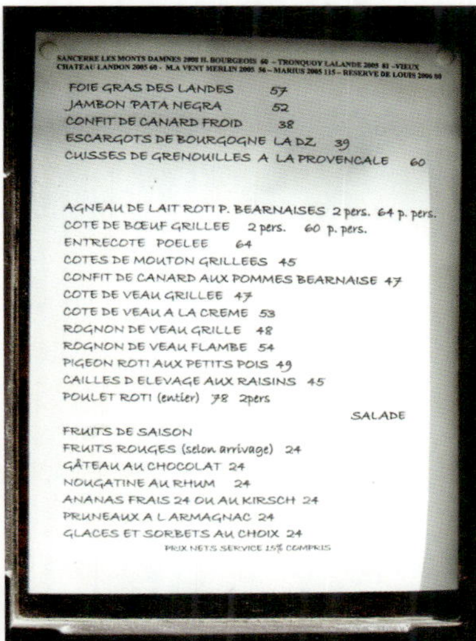

→ **Chez l'Ami Louis** 32 rue du Vertbois, Paris IIIe – T. +33 1 48 87 77 48

PAIN
PAGNOL
CEREALES

LES PLUS HAUTES
RÉCOMPENSES
LEFEVRE-UTILE
NANTES
GRANDS PRIX · PARIS 1900

DU PAIN ET DES IDÉES

«É o tempo que faz a diferença. O tempo e o número das etapas. O trabalho lento preserva os fermentos mais selvagens. Que são também os mais frágeis. É como o vinho. Certos fermentos só se revelam se não forem muito remexidos. É matéria viva que se transforma. Nos adaptamos à matéria."
Christophe Vasseur, padeiro

— www.dupainetdesidees.com

→ **Du Pain et des Idées** 34 rue Yves Toudic, Paris X^{e} – T. +33 1 42 40 44 52

MARCHÉ DES ENFANTS ROUGES

O orfanato da Reine Margot e seus uniformes vermelhos cederam o lugar a um mercado de bairro. Na inauguração, em 1777, havia mesmo um poço e um estábulo. Hoje, é em uma vasta sala envidraçada que se aninha o pequenino mercado. Um verdadeiro local de aldeia. Com o mesmo charme, agradável durante a semana, petulante no domingo. Come-se nas mesas dos estandes dos feirantes ou em uma bela área ao redor.

→ **Marché des Enfants Rouges** 39 rue de Bretagne, Paris IIIe

CAFÉ

HÔTEL DU PETIT MOULIN

Fora, é uma padaria de 1900. Dentro... é uma viagem. Há um toque felliniano no veludo vermelho e lilás que se choca com uma almofada de pele de leopardo e um tamborete turquesa. Há música nessas salas pintadas como uma máscara veneziana ou, ao contrário, depuradas com cal provençal. Passa-se um momento único, abrigado nessa concha fantástica. A decoração é de Christian Lacroix. É só habituar-se...

– www.hotelpetitmoulinparis.com

→ **Hôtel du Petit Moulin** 29 rue de Poitou, Paris IIIe – T. +33 1 42 74 10 10

PHO DÔNG HUÔNG

O ideal seria pôr uma grande toalha para uma degustação confortável. A gente senta e o garçom já coloca na mesa um misterioso molho, marrom e espesso, com um prato de substâncias aromáticas, muito frescas. Para os neófitos: façam como seus vizinhos, molhem os brotos de feijão crocantes no molho. Só isso! Pho Dông Huông é um templo legendário vietnamita de gestão familiar. Uma menção especial para o crepe frito e o *bo bun cha gio*.

— **www.dong-huong.com/accueil/**

→ **Pho Dông Huông** 14 rue Louis Bonnet, Paris XIe – T. +33 1 43 38 25 74

30
VOUS DONNERA
SIMPLE CONTACT
PRESSION EXACTE DE VOS
4

BOISSONS DE ROSA
CHOCOLAT FROID
3,5 €
CARTE BLEUE
MINIMUM 15 €
PACIFIC

RÉPUBLIQUE - BUTTES-CHAUMONT
213
PARIS

ROSA BONHEUR

Um privilegiado espaço ao ar livre, em pleno coração de Buttes-Chaumont, sombreado por árvores. As tapas de pata negra, as saladinhas e o patê basco organizam um *brunch* bucólico, que às vezes pode deslizar até o gramado — um piquenique secreto com toda Paris aos nossos pés. Quando o sol assume ares espanhóis, o espaço fica próprio para os vinhos orgânicos, perfeitos com chouriço.

— www.rosabonheur.fr

→ **Rosa Bonheur** 2 allée de la Cascade - Parc des Buttes-Chaumont, Paris XIXe
T. +33 1 42 00 00 45

SCHMID TRAITEUR

Quando eles dizem toda a Alsácia, é mesmo toda a Alsácia. Da raiz-forte à floresta negra, atravessando um oceano de frios, de nabos na salmoura — que devem ser cozidos como um novo chucrute —, de salsichas de fígado, simples ou com trufas. Mastiga-se um *bretzel* esperando a vez. É Natal sob uma neve feita de açúcar glacê — isso dura há um século.

— **www.schmid-traiteur.com**

→ **Schmid Traiteur** 76 boulevard de Strasbourg, Paris X[e] – T. +33 1 46 07 89 74

SOL SEMILLA

No *brunch* vegan do domingo: *blinis* com purê de amêndoas e grãos de alfafa germinados, sopa meio cozida, meio crua, *milkshake* de banana, leite de arroz, lúcuma e maca e o *xocolatl* tradicional dos astecas, com canela. Pascal, nutricionista e um pouco druida nas horas vagas, nos inicia voluntariamente nos "superalimentos". Enquanto isso, Jean-François vai encontrar os parisienses nos mercados orgânicos, aos sábados em Batignolles e aos domingos no boulevard Raspail. Eles fazem suas comprinhas, organizam suas listas ou vão embora com o menu do dia.

— www.sol-semilla.fr

RÉPUBLIQUE - BUTTES-CHAUMONT
217
PARIS

↑ **Sol semilla** 23 rue des Vinaigriers, Paris X^e – T. +33 1 42 01 03 44

Piments
60 €/kg

la tête dans les olives
poussez fort !!

LA TÊTE DANS LES OLIVES

Cédric Casanova: Então, *chef*, o que o senhor faria com as minhas azeitonas?
Alain Ducasse: *Mamma mia*, elas são salgadas demais! Eu começaria colocando-as de molho. Quarenta e oito horas na água fresca. Depois, eu despejaria azeite de oliva nelas, mas que azeite?
CC: De preferência o de Bianca. É um azeite leve e refinado, aromatizado com limão. Na grande vasilha de estanho.
AD: Boa ideia. Me passe os grãos de funcho, que estão naquele cesto lá, e também a pimenta rosa.
CC: Buon appetito!

RÉPUBLIQUE - BUTTES-CHAUMONT
219
PARIS

– www.latetedanslesolives.com

La tête dans les olives 2 rue Sainte-Marthe, Paris Xe – T. +33 9 51 31 33 34

Paris cuisine

LE VERRE VOLÉ

AD: Então, o que se come?
CB: Uma costela de boi da casa Desnoyer, ou uma perca-do-mar que chega diretamente de uma criação da Mancha. Couve-flor é com Annie Bertin. As alcaparras vêm da Tête dans les Olives, e as sobremesas, de Desmoulins, do boulevard Voltaire. Quer experimentar?
AD: Certamente.
CB: Aproveite, estão no menu de hoje. Amanhã, mudamos.

— www.leverrevole.fr

→ Le Verre Volé 67 rue Lancry, Paris X[e] – T. +33 1 48 03 17 34

ZERDA CAFÉ

Jaffar Achour: E agora, o cuscuz bérbere de legumes. É preciso molhar a sêmola com óleo assim que ela sai do vapor, queimando as mãos, senão fica muito gordurosa. É um cuscuz da primavera. Com ele, mordem-se cebolinhas cruas.
AD: De fato, há uma gama de cuscuzes...
JA: Que se saiba, há perto de 450 tipos... Preparamos também o *berkoukes*, de grãos maiores. Ele é cozido com ou sem carne. Sugerimos aos clientes também os feitos com crustáceos.

— www.zerdacafe.fr

→ **Zerda Café** 15 rue René Boulanger, Paris Xᵉ – T. +33 1 42 00 25 15

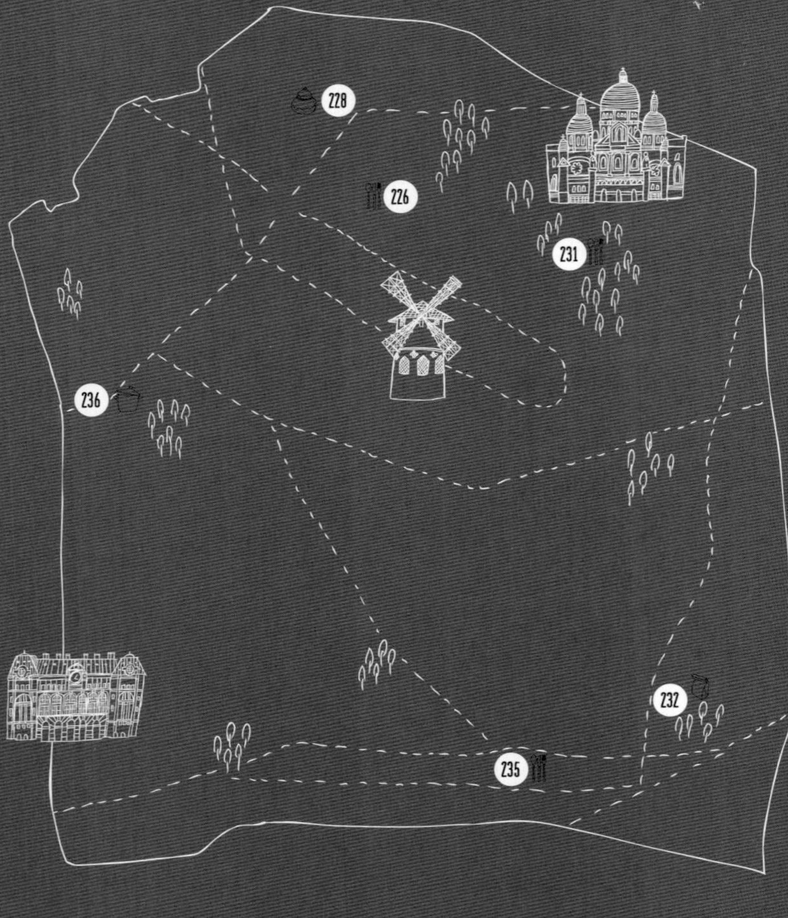

228
226
231
236
232
235

ROCHECHOUART

-

SACRÉ-COEUR

LE COQ RICO

Como o próprio nome indica, as aves estão em destaque no bistrô que Antoine Westermann abriu em 2012. O pato de Dombes é generosamente confitado, o peito de pato defumado se junta ao bacalhau assado esplendoroso, enquanto o supremo de frango de Gers se enfeita com uma crosta de amêndoas e avelãs que é uma delícia para os nossos pecados. Como entrada, as terrinas competem com os ovos frescos cozidos das mais variadas formas. As aves são apresentadas de todas as formas que melhor se pode oferecer e há para todos os gostos.

— www.lecoqrico.com

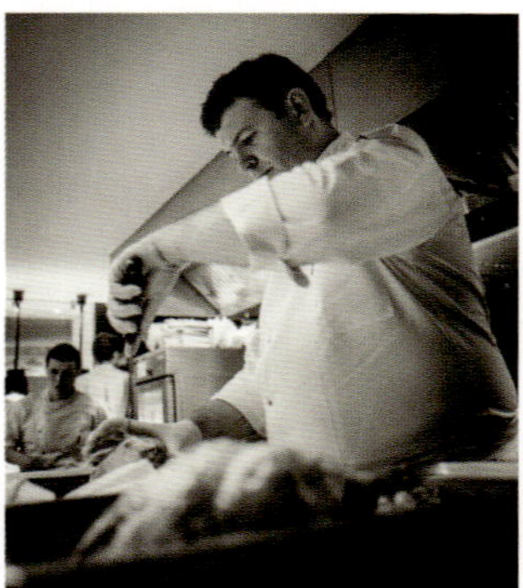

→ **Le Coq Rico** 98 rue Lepic, Paris XVIIIe – T. +33 1 42 59 82 89

PÂTISSERIE ARNAUD LARHER

Formado com Fauchon e Pierre Hermé, o homem não esperou pelos galões tricolores, ganhos em 2007, para inscrever o seu nome com pó de ouro no mundo da *gourmandise*. Suas criações ficam muito tempo na boca e na memória, como o seu *marshmallow* ao chocolate ou o seu Frisson, ganache com polpa de limão. Arnaud Larher inventa uma bomba rosa com papoula e revisita um *macaron* pistache. Sorvetes no verão e chocolate quente à antiga no inverno levam o consumidor ao estado de pecado. Muito encantador.

— www.arnaud-larher.com

→ **Pâtisserie Arnaud Larher** 53 rue Caulaincourt, Paris XVIIIe – T. +33 1 42 57 68 08

MICHELANGELO

Todas as manhãs, à sombra do plano inclinado de Montmartre, Michelangelo Riina, siciliano, faz compras no mercado e compõe o menu. Todas as noites, sozinho, ele dá umas passadas para transpor os centímetros que separam a cozinha aberta dos seus quinze convivas. Nas suas mãos, a culinária siciliana explode em sabores e cores, como os seus *arancini* ao gorgonzola. Em ideias também, como o seu *tagliatelle* com camarões grandes e pistaches. Uma experiência mediterrânea competente e moderna.

➜ **Michelangelo** 3 rue André Barsacq, Paris XVIIIe – T. +33 1 42 23 10 77

PICCOLA TOSCANA

Quando se abre a porta da *épicerie*, pode-se pedir, como em Florença, um *tramezzino à la porchetta* - um sanduíche de leitãozinho assado. Enquanto ele é preparado, podemos nos apossar de um dos queijos *pecorinos* apurados, do *panforte* Margherita ou do *nougat* de frutas cítricas cristalizadas à moda de Siena. Deixamos nos tentar pelo menu de preços fixos e, no pequeno terraço, por um prato de massas com trufas.

— www.piccola-toscana.com

→ Piccola Toscana 10 rue Rochambeau, Paris IXᵉ – T. +33 9 51 04 46 35

CHOCOLAT CRU
3,50 EUR
NOUVELLE RECETTE
Poppy

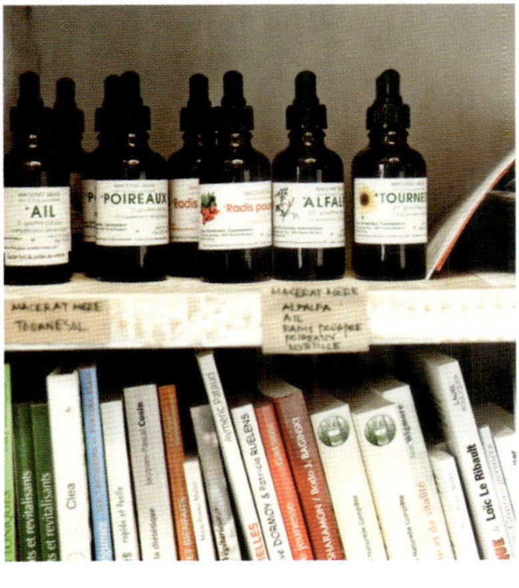

POUSSE POUSSE

A especialista da cozinha atual é Lawrence Aboucaya, que tem uma pequena *épicerie*-restaurante. Grãos germinados, mudas pequenas e sucos de ervas preparados em uma centrífuga para não "explodir as moléculas". Também quiches, saladas, suco de legumes ou de frutas frescas, em uma decoração vistosa, intimista e calorosa.

— www.poussepousse.eu

→ Pousse Pousse 7 rue Notre-Dame de Lorette, Paris IXe – T. +33 1 53 16 10 81

WEPLER

O que se deve ver? O ambiente, o quadro, a verdadeira *brasserie* parisiense. De Bonnard a Picasso, de Henry Miller a Blier e Truffaut — que rodou ali uma cena do filme *Os incompreendidos* — todos se entusiasmaram pela autenticidade do lugar. O que se deve comer? As ostras — há mais de um século a casa foi a primeira a fazer delas sua especialidade. E o chucrute ou o pé de porco grelhado *à la béarnaise*. Autêntico, é o que dizemos a vocês.

— **www.wepler.com**

→ **Wepler** 14 place Clichy, Paris XVIIIe – T. +33 1 45 22 53 29

ÍNDICE ALFABÉTICO

ÍNDICE POR ÁREA

BASTILLE - BELLEVILLE

CHAMP DE MARS - INVALIDES

CHAMPS ÉLYSÉES - ÉTOILE

MONTPARNASSE - LUXEMBOURG

OPÉRA - LOUVRE

QUARTIER LATIN - HÔTEL DE VILLE

RÉPUBLIQUE - BUTTES-CHAUMONT

ROCHECHOUART - SACRÉ-COEUR

ÍNDICE POR ÁREA

ÍNDICE POR TIPO DE COMÉRCIO

RESTAURANTE

RESTAURANTE, ADEGA

BRASSERIE

BAR

CAFÉ

CAFÉ, TORREFAÇÃO ARTESANAL

SALÃO DE CHÁ

PADARIA

PÂTISSERIE

CHOCOLATARIA

SORVETERIA

CONFEITEIRO

CHARCUTARIA

AÇOUGUE

AÇOUGUE, PEIXARIA

PEIXARIA

QUEIJARIA

MERCADO / FEIRA

ÉPICERIE

HOTEL

ADMINISTRAÇÃO REGIONAL DO SENAC
NO ESTADO DE SÃO PAULO

PRESIDENTE DO CONSELHO REGIONAL
Abram Szajman

DIRETOR DO DEPARTAMENTO REGIONAL
Luiz Francisco de A. Salgado

SUPERINTENDENTE UNIVERSITÁRIO E DE DESENVOLVIMENTO
Luiz Carlos Dourado

EDITORA SENAC SÃO PAULO
CONSELHO EDITORIAL
Luiz Francisco de A. Salgado
Luiz Carlos Dourado
Darcio Sayad Maia
Lucila Mara Sbrana Sciotti
Jeane Passos Santana

GERENTE/PUBLISHER
Jeane Passos Santana (jpassos@sp.senac.br)

COORDENAÇÃO EDITORIAL
Márcia Cavalheiro Rodrigues de Almeida (mcavalhe@sp.senac.br)
Thaís Carvalho Lisboa (thais.clisboa@sp.senac.br)

EDIÇÃO DE TEXTO
Juliana Muscovick, Luiz Guasco

PREPARAÇÃO DE TEXTO
Márcia Nunes

REVISÃO DE TEXTO
ASA Assessoria e Comunicação, Ivone P. B. Groenitz (coord.), Heloisa Hernandez, Luiza Elena Luchini de Paula, Leticia Castello Branco, Jandira Queiroz, Johannes C. Bergmann

EDITORAÇÃO ELETRÔNICA
DB Comunicação

COMERCIAL
Marcelo Nogueira da Silva (marcelo.nsilva@sp.senac.br)

FOTO DA CAPA
Key Graphic

ADMINISTRATIVO
Luís Américo Tousi Botelho (luis.tbotelho@sp.senac.br)

EDITORA SENAC SÃO PAULO
Rua Rui Barbosa, 377 – 1º andar – Bela Vista – CEP 01326-010
Caixa Postal 1120 – CEP 01032-970 – São Paulo – SP
Tel.(11) 2187-4450 – Fax (11) 2187-4486
E-mail: editora@sp.senac.br
Home page: http://www.editorasenacsp.com.br

DIRETOR DA COLEÇÃO
Emmanuel Jirou-Najou

RESPONSÁVEL EDITORIAL
Alice Gouget

COORDENAÇÃO DE COEDIÇÃO
Aurore Charoy
Vianney Drouin

REDAÇÃO DOS TEXTOS
Claire Dixsaut
Frédérick e. Grasser Hermé
Christophe Santaigne

TRADUÇÃO E ADAPTAÇÃO
Cecilia Prada

COORDENADORA
Katie Mace

FOTOGRAFIAS
Pierre Monetta

DIREÇÃO ARTÍSTICA
Pierre Tachon / Soins graphiques
Agradecimentos a Sophie Brice

MARKETING E COMUNICAÇÃO
Camille Gonnet

FOTOGRAVURA
Nord Compo

IMPRESSO EM CHINA
Depósito legal 3º trimestre de 2014
ISBN: 978-8-53960-761-7

84, avenue Victor Cresson
92 130 Issy-les-Moulineaux

www.alain-ducasse.com

Dados Internacionais de Catalogação na Publicação (CIP)
(Jeane Passos Santana - CRB 8ª/6189)

Ducasse, Alain
Amo Paris / Alain Ducasse, Frédérick e. Grasser Hermé; fotos Pierre Monetta; tradução de Cecília Prada -- São Paulo : Editora Senac São Paulo, 2014.

Título original: J'aime Paris.
ISBN 975-85-396-0761-7

1. Culinária Francesa 2. Gastronomia – Paris (França) – Guias I. Grasser Hermé, Frédérick e.. II. Monetta, Pierre. III. Tachon, Pierre IV. Título.

14-255s CDD-641.01309436

Índice para catálogo sistemático:
Paris: França : Gastronomia : Alimentos e bebidas
Guias 641.01309436

TÍTULOS JÁ PUBLICADOS DE ALAIN DUCASSE

Nesta coleção, Alain Ducasse revela uma variedade de sabores, cores, imagens e aromas de todos os quatro cantos do globo. O autor indica seus pontos favoritos, descobertas especiais e delícias gastronômicas em um guia completo.

Conheça também as obras que privilegiam a culinária saudável e natural: